国家出版基金项目
NATIONAL PUBLICATION FOUNDATION

青海

海 东

《中国国家人文地理》编委会 编

「十三五」国家重点图书
国家重大出版工程

中国地图出版社

图书在版编目（CIP）数据

海东 /《中国国家人文地理》编委会编. -- 北京:
中国地图出版社, 2017.10
（中国国家人文地理）
ISBN 978-7-5204-0168-5

Ⅰ.①海… Ⅱ.①中… Ⅲ.①海东地区—概况 Ⅳ.
①K924.42

中国版本图书馆CIP数据核字(2017)第232620号

中国国家人文地理·海东

出版发行	中国地图出版社		
社　　址	北京市白纸坊西街3号	邮政编码	100054
电　　话	010-83543926	网　　址	www.sinomaps.com
印　　刷	北京华联印刷有限公司	经　　销	新华书店
成品规格	185mm×250mm	印　　张	17
字　　数	210千字		
版　　次	2017年10月第1版	印　　次	2018年7月北京第2次印刷
定　　价	148元		

书　　号	ISBN 978-7-5204-0168-5
审图号	GS（2017）1701号

如有印装质量问题，请与我社发行部联系

G

中国国家
人文地理

谨以此书献给改革开放40周年

暨海东建政40周年撤地设市5周年!

总　序

《周易》曰："观乎人文，以化成天下"；"仰以观于天文，俯以察于地理，是故知幽明之故"。察地理、观人文，体现的是中华民族对自然环境和社会人文的关注，是道法自然与教化天下的情怀。

中华民族有 5000 多年连绵不断的文明史，而承载中国历史文化的地理空间是广袤复杂的。在一个辽阔的地域上，由于地理环境、人群构成、社会历史发展进程的不同，自然、经济、人文、社会等诸方面存在着明显的地域差异，也孕育了不同特质、各具特色的地域景观。

中国是一个统一的多民族国家，中华文化是丰富多彩又浑然一体的文化。一方水土养一方人，一方水土孕育一方文化，一方文化影响一方经济、造就一方社会。不同个性特质、各具鲜明特色的地域文化，不仅是源远流长的中华文化的有机组成部分，也是中华民族的宝贵财富。地域文化的发展既是地域经济社会发展不可忽视的重要组成部分，又是地方经济社会发展的窗口和品牌，已成为增强地域经济竞争能力和推动社会快速发展的重要力量。

这套《中国国家人文地理》丛书，以地级行政区域为地理单位，从时间和空间两个维度，以历史为线索，以地理为载体，权威、立体、详细地展现地域的历史文化、人文资源、地理国情、生态环境以及经济社会发展，并归纳提炼出特色地域文化，打造城市名片，可以称得上是一部区域的"百科全书"，对提升城市软实力，扩大对外影响力，助推地方经济和社会发展具有重要意义。其实，这套丛书的意义远远超出地理区域，它展示和讲述的虽然只是一个个具体的局部，但它为人们提供了一个个不同的视角，一个个不同的出发地，让人们多角度地去认识一个多元一体化的伟大国度，从而生动具体地领略它的包容博大、多姿多彩、生机勃勃。正因为如此，这套丛书绝非地域推介的集成，而是一套从个性出发，了解我们国家全貌、民族完整历史的教科书。丛书将文字、图片、地图、信息图表相融合的设计，为传统的图书注入了新的视觉体验，以雅俗共赏的方式将中华文化和各地人文地理的精华呈现给社会大众，为读者带来了一份精彩的文化大餐。

这套丛书从策划到执行，都得到了中央、国家有关部委和地方各级政府的大力支持，并已列入"十三五"国家 32 项重大出版工程，这体现了国家对它的认可和重视。丛书的出版，必将充分发挥出版记录历史、传承文明、宣传真理、普及科学、资政育人的功能，为弘扬中华优秀传统文化，增强中华文化软实力，扩大中华文化影响力，建设社会主义文化强国作出重要贡献，并为中华文化走出去提供助力。

编撰《中国国家人文地理》丛书是新时期文化领域的一件大事。因此，我欣然为这套丛书作序，并相信全国将会有更多的城市陆续参与到这一大型图书工程中来，共同讲好中国故事，传播好中国声音，凝聚中国力量，建设美丽中国，为中华文化增色添彩。

第十一届全国政协副主席

2016 年 10 月

序

　　海东地处青藏高原东部,海拔较低,气候适宜,山川优美,黄河、湟水河和大通河穿境而过,滋养了这片土地。海东区位优势明显,东连兰州,西接西宁,位于中国西部两大省会城市之间,109 国道、京藏高速公路、兰青铁路、兰新高铁横贯全境,青藏高原最大的民用机场在城市规划区内。方便快捷的交通网络和地域优势,使得海东成为青藏高原东部的重要门户和便捷通道。境内蕴藏着丰富的矿产资源和水能资源,既是青海西电东送的通道,也是青海电网与东部电网连接的咽喉。840 平方千米的富硒土壤,为高原发展优质农牧业提供了良好环境。

　　海东拥有厚重的人文积淀,历史文化、民族文化、宗教文化资源丰富多元,藏、回、土、撒拉、蒙古等各民族文化绚丽多彩。境内新石器时代、青铜器时代遗迹密布,仰韶文化、马家窑文化、齐家文化、辛店文化、卡约文化交相辉映。4000 多年前的人类灾难遗址——喇家遗址,具有很高的学术研究价值和科考价值。柳湾墓地,是在考古界享有盛誉的一颗明珠,史前彩陶名扬国内外,其数量之多,样式之丰富,造型之考究,堪称中国彩陶之最。佑宁寺、文都大寺、夏琼寺等藏传佛教寺庙和十世班禅大师故居、街子清真寺、洪水泉清真寺等以其悠久的历史和重要的地位声名远播。

　　海东地处黄土高原向青藏高原的过渡地带,多变的海拔和独特的气候条件,孕育了海东特有的壮丽山河与自然景观。互助北山国家森林地质公园被誉为"高原翡翠""植物王国""天然动物园""立体资源宝库";孟达国家级自然保护区被称为"高原西双版纳""植物王国",孟达天池是青海省境内最为秀丽的高山湖泊,犹如一颗晶莹剔透的明珠,镶嵌在万山绿水之中。这样的美景在海东比比皆是,不胜枚举。

海东是一个年轻的城市,2013 年 2 月"撤地设市"。党的十八大以来,海东市紧密地团结在以习近平同志为核心的党中央周围,深入学习贯彻习近平新时代中国特色社会主义思想,特别是对青海工作的"四个扎扎实实"重大要求,围绕中央"五位一体"总体布局、"四个全面"战略布局,认真践行"五大发展理念",全面贯彻落实省委对海东发展的要求,在新的历史起点上,担当新使命,实现新作为,进入了高质量发展新时期。

持续优化经济结构,促进了经济社会统筹协调发展。坚持农业基础地位不动摇,大力发展高原特色现代农业,成为国家级农业科技示范园区;全力推进现代工业发展,装备制造、新能源、新材料等新兴产业快速成长;第三产业迅猛发展,文化旅游发展势头强劲,"极地门户·青藏首站"和"大美青海·风情海东"的美誉度和知名度越来越高。

全面优化发展环境,与东部发达地区建立深度战略合作关系,与多所国内一流高等学府达成合作协议,加强与丝路沿线国家经贸往来,成功举办亚欧国家丝路论坛、吉尔吉斯斯坦经贸合作暨特色产品展示会、丝路花儿艺术节和青海高原暨河湟流域特色农产品展交会,成为气候智慧型/低碳城市论坛和《人民日报》"一带一路"发展论坛参与城市。

近年来的发展，放之于时间的长河，不过是沧海一粟；投射到未来，不过是略积跬步。然而，它的光荣与梦想，必将在海东的历史印记中深深镌刻，必将在未来的发展中凤凰涅槃。

今年适逢中国改革开放 40 周年，海东建政 40 周年撤地设市 5 周年。在这样一个伟大的历史时期，我们编纂这本书，用文字和图片记录海东的辉煌发展，抒写海东的内涵与底蕴，憧憬海东的美好未来，十分必要。书稿以独特的视角、丰富的内容和图文并茂的形式，立体、详细地展示了海东的历史文化、人文资源、地理信息以及经济社会发展成就，这对于讲好海东故事，展示海东独特魅力，进一步提升海东影响力具有重要作用。

党的十九大精神为西部发展带来重大契机。海东将以习近平新时代中国特色社会主义思想为指导，定焦在经济社会发展的时空坐标上，将目光瞄准 2020 年，乃至更远的将来，朝着兰西城市群节点崛起的方向稳步前行，一个现代、繁荣、充满活力的海东必将屹立在新丝绸之路经济带上。

青海省人大常委会副主任、海东市委书记　　海东市委副书记、市长

鸟成云　　　　　　　　　　　　王林虎

2018 年 6 月

目　录

海东名片

河湟文化

千百万年来，黄河、湟水、大通河穿行于海东的峡谷、盆地，形成了串珠状的河谷。经年累月的河水冲积，在两岸形成广袤的肥田沃土，孕育了光辉灿烂的河湟文明，勤劳智慧的海东儿女，用他们的双手创造出了丰富多彩的河湟文化。

彩陶王国

位于海东市乐都区高庙镇的柳湾墓地，是目前我国已知的规模最大、保存较为完整的原始社会晚期氏族公共墓地，出土文物包括陶器、石器、骨器、装饰品等，其中彩陶器皿近两万件，其精美的造型、神奇的纹饰、庞大的规模，令人叹为观止，构成了一个绚丽多彩的「彩陶王国」。

青藏首站

海东市平安区位于湟水河流域，是唐蕃古道和丝绸南路的主要驿站，为历代兵家必争之地。今天，京藏高速、平阿高速、兰青铁路、兰新高铁均从平安穿过，它依然是由青入藏的首站，区位优势更加凸显。

被誉为河湟谷地胸襟上一颗灿烂的明珠，

撒拉人家

陈明岳

土族撒拉族之乡

海东是多民族聚居区，也是土族和撒拉族的主要聚居地。在漫漫的历史长河中，土族和撒拉族与汉族、藏族、蒙古族等其他民族不断融合，同时也保持了具有自身特色的民族文化。土族的安召舞、纳顿节以及撒拉族的篱笆楼等，都是具有鲜明民族特色的国家级非物质文化遗产。

海东在青海的位置示意图　　　　　青海在中国的位置示意图

海东概况

地理区位
行政区划
土地面积
气候
人口
经济
农牧业
工业
交通
旅游业
资源

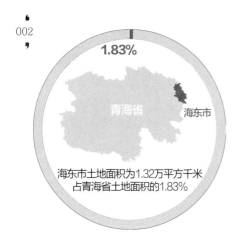

1.83%

青海省　海东市

海东市土地面积为1.32万平方千米
占青海省土地面积的1.83%

地理区位

　　海东是青海省地级市，因地处青海湖以东而得名，是古丝绸之路上的重要驿站。位于东经100°41.5′～103°04′、北纬35°25.9′～37°05′之间。东与甘肃省为邻，其他三面分别与本省海北、西宁、黄南等州（市）接壤。全境东西长124.5千米，南北宽180千米。

行政区划

　　2013年2月8日，经国务院批准撤销海东地区设立海东市，海东成为青海省第二个地级市，下辖乐都区、平安区、互助土族自治县、民和回族土族自治县、化隆回族自治县和循化撒拉族自治县，形成了"一市两区四县"格局。

土地面积

　　海东地处祁连山支脉达坂山东南麓和昆仑山系余脉日月山东坡，属青藏高原向黄土高原过渡镶嵌地带，海拔1650~4636米，平均海拔2000余米，大部分地区处于2200~3000米之间。海东市总面积1.32万平方千米，占青海省的1.83%。

海东市地形地貌

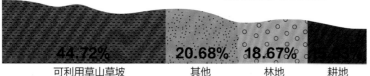

44.72%	20.68%	18.67%	
可利用草山草坡	其他	林地	耕地

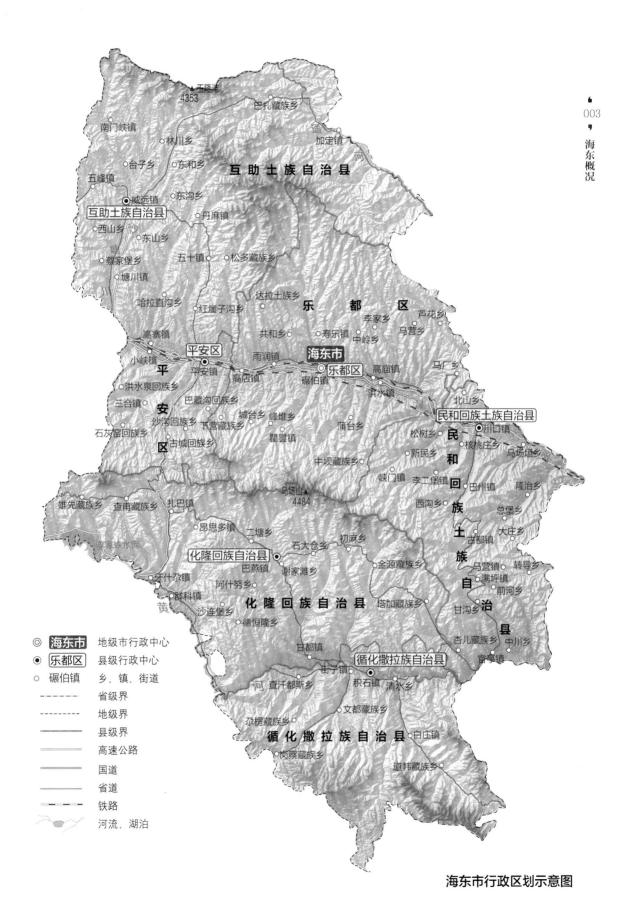

▲玉隆滩
4353

巴扎藏族乡

南门峡镇

加定镇

林川乡

台子乡   东和乡

互 助 土 族 自 治 县

五峰镇

○威远镇

东沟乡

互助土族自治县

西山乡   东山乡

丹麻镇

蔡家堡乡

五十镇   松多藏族乡

塘川镇

哈拉直沟乡   红崖子沟乡   达拉土族乡

乐   都   区

芦花乡

李家乡

高寨镇   共和乡   寿乐镇   中岭乡   马营乡

平安区   雨润镇   海东市   马厂乡

小峡镇   平   平安镇   高店镇   乐都区   高庙镇

洪水泉回族乡   安   碾伯镇   洪水镇   北山乡

三合镇   巴藏沟回族乡   城台乡   峰堆乡   民和回族土族自治县

沙沟回族乡   下营藏族乡   蒲台乡   松树乡   ○川口镇

石灰窑回族乡   古城回族乡   区   瞿昙镇   新民乡   核桃庄乡   马场垣乡

中坝藏族乡   峡门镇   李二堡镇   巴州镇   隆治乡

雄先藏族乡   查甫藏族乡   扎巴镇   ▲马场山   西沟乡   总堡乡   大庄乡

4484   民   古鄯镇

李家峡水库   昂思多镇   二塘乡   和   转导乡

石大仓乡   初麻乡   回   马营镇   满坪镇   前河乡

牙什尔镇   化隆回族自治县 ●   族   甘沟乡   治

群科镇   巴燕镇   谢家滩乡   金源藏族乡   土   县   中川乡

沙连堡乡   阿什努乡   塔加藏族乡   族   杏儿藏族乡

德恒隆乡   化 隆 回 族 自 治 县   自   官亭镇

甘都镇   循化撒拉族自治县   积石镇   清水乡

街子镇

查汗都斯乡   白庄镇

尕楞藏族乡   文都藏族乡

岗察藏族乡   循 化 撒 拉 族 自 治 县

道帏藏族乡

◎ 海东市   地级市行政中心
● 乐都区   县级行政中心
○ 碾伯镇   乡、镇、街道
------   省级界
--------   地级界
━━━━   县级界
━━━━   高速公路
━━━━   国道
━━━━   省道
┅┅┅┅   铁路
〰〰〰   河流、湖泊

海东市行政区划示意图

海东市年平均气温

6.6℃ 0℃ 30℃

海东市年均日照时数 单位：小时

2605.4 8760

气候

　　海东境内以山地为主，海拔垂直落差较大，气候随海拔的升高差异明显，属于干旱、半干旱的高原大陆性气候，日照时间长，太阳辐射强，昼夜温差大。海拔 3000 米以上的北部地区及山区较寒冷，海拔 1700~2500 米的黄河、湟水河谷地带较温暖。年平均气温 6.6℃，年均降水量 371.9 毫米，年均蒸发量 1595.4 毫米，年均日照时数 2605.4 小时。

人口

　　2017 年末，海东市户籍人口 171.98 万人，常住人口 147.08 万人，其中城镇常住人口 55.23 万人，占常住人口的 37.55%；乡村常住人口 91.85 万人，占常住人口的 62.45%。境内有回、藏、土、撒拉、蒙古等 18 个少数民族。

海东市常住人口

37.55%
常住人口城镇化率
海东市常住人口147.08万人

图例

	汉族
	回族
	藏族
	土族
	撒拉族

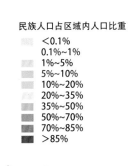

民族人口占区域内人口比重

	<0.1%
	0.1%~1%
	1%~5%
	5%~10%
	10%~20%
	20%~35%
	35%~50%
	50%~70%
	70%~85%
	>85%

| 汉族 | 回族 | 藏族 | 土族 | 撒拉族 |

海东市少数民族人口占总人口比例

436亿元
2017年海东市
GDP

29737元
2017年海东市
人均GDP

经济

　　2017 年，海东市完成地区生产总值 436 亿元，同比增长 8.4%，增速位居青海省各市州第二。其中，第一产业增加值 57.8 亿元，增长 5.2%；第二产业增加值 206.7 亿元，增长 10.8%；第三产业增加值 171.5 亿元，增长 6.2%。人均地区生产总值 29737 元，比上年增长 7.79%。

**海东市 2017 年三次产业
对地区生产总值增长贡献率**

第一产业
8.16%

第三产业
26.47%

农牧业

　　海东市总耕地面积 21.21 万公顷，占青海省耕地面积的 36%，是青海省最主要的农业区，盛产马铃薯、油料、小麦、蚕豆、青稞、瓜果、蔬菜等农副产品，其中马铃薯、油料享誉省内外。近年来，依托 840 平方千米的富硒土地和宽阔的黄河上游水域，以油菜、马铃薯制繁种，富硒农产品，牛羊养殖，冷水养殖等为主导，产业不断壮大，一批特色农产品品牌走向全国。

海东市耕地面积在青海省占比

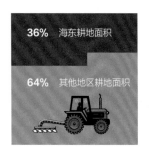

36% 海东耕地面积

64% 其他地区耕地面积

工业

2017 年工业增加值比上年增长 8.1%，工业对地区生产总值增长的贡献率为 30.71%。其中，规模以上工业增加值增长 7.5%；规模以下工业增加值增长 8.95%。规模以上工业主营业务收入 222.9 亿元，比上年增长 9.7%，人均主营业务收入 138.31 万元，比上年增加 26.48 万元。

第二产业
65.37%

**海东市 2017 年规模以上
工业增加值构成**

 2017年工业增加值 8.1%　　 规模以上工业主营业务收入222.9亿元 9.7%　　 规模以上工业增加值 7.5%

 工业对地区生产总值增长的贡献率 30.71%　　 人均主营业务收入138.31万元 26.48万元　　 规模以下工业增加值 8.95%

交通

　　海东东连兰州、西接西宁，位于中国西部两大省会城市之间，109国道、民小公路、京藏高速公路、兰青铁路、兰新高铁贯穿东西，202省道、平同高速公路、川大高速公路贯穿南北，青藏高原最大的民用机场——曹家堡机场也坐落于海东。方便快捷的交通网络和区位优势，使得海东成为青藏高原东部的重要门户和便捷通道。

曹家堡机场

109国道、民小公路、京藏高速公路、
兰青铁路、兰新高铁贯穿东西

202省道、平同高速公路、川大高速
公路贯穿南北

海东城市建设

旅游业

　　海东历史悠久、文化灿烂、山川秀丽。目前，海东市拥有 A 级旅游景区 21 处（其中 5A 级 1 处、4A 级 2 处），星级宾馆 51 家（其中 4 星级 3 家），旅游直接从业人员 1.7 万余人。2017 年接待国内外游客 1161.37 万人次，实现旅游总收入 44.69 亿元。

海东市景区数量
单位：个

- 5A
- 4A
- 3A 及以下

2017 年海东市常住人口与旅游业接待人数对比
单位：万人

本地常住人口数
147.08

旅游业接待人次
1161.37

绿河谷

北山云雾

资源

　　海东市境内蕴藏有丰富的矿产资源和水电资源。已发现矿产资源 65 种，已探明的矿产资源有煤、岩（砂）、金、铁、硫、锰、铜、铂、镍、铬等 36 种，其中蕴藏量以亿吨计的有石灰石、硅石、石膏、钙芒硝等。海东地处黄河流域，黄河及其两大支流大通河、湟水河流经海东，形成三大水系，资源总量为 18 亿立方米，总装机容量 2063.66 兆瓦。境内有李家峡、康扬、公伯峡、苏只、黄丰、积石峡等水电站 40 座，年发电量 98.7 亿千瓦时，是青海重要的能源基地。

20% 海东市年发电量占青海省发电量比重

历史画卷

海东历史沿革图

秦汉以前

1 属羌戎地。战国秦厉公时（公元前476—前443年），一位名叫无戈爰剑的秦国奴隶，逃到河湟地区，传授先进的农牧技术，成为当地羌人的首领。

汉代

2 汉武帝元鼎六年(公元前111年)，在湟中设置"护羌校尉"，筑西平亭(今西宁市)，经略海东地区。

汉宣帝神爵元年(公元前61年)，后将军赵充国率兵击败湟水流域的先零羌，置金城郡，辖安夷县、破羌县、允吾县。

汉宣帝神爵元年(公元前61年)，在今海东地区先后设置一郡三县，移金城郡治于允吾县（今民和县下川口），置安夷县（今平安区）、破羌县（今乐都区）、允吾县（今民和县）；三县均属金城郡。

唐代

7 唐高祖武德二年（620年），改西平郡为鄯州(治湟水县，今乐都区)，改浇河郡为廓州（今化隆县）。

唐太宗贞观元年（627年），设陇右道采访使，治所在鄯州。

唐玄宗开元二年（714年），置陇右节度使于鄯州。鄯州成为当时西北地区政治、军事、文化中心和重要的商业城市。安史之乱后，河湟地区被吐蕃统治近百年。

唐蕃古道

曹魏

3 设置白土县（今民和县）。

北魏

4 设置鄯州（今乐都区），金城县（属西平郡，今民和县古鄯镇）。

宋初

8 位于河湟地区的吐蕃人唃斯啰建立政权，并先后以宗哥城(今平安区)、邈川城（今乐都区）、青唐城（今西宁市）为统治中心，臣属于宋。北宋灭亡后，金和西夏占据河湟地区约百年。

东晋

5 隆安三年（399年），秃发乌孤将南凉国都迁至乐都（今乐都区大古城遗址）。

隋代

6 隋炀帝大业三年(607年)，废鄯州，设西平郡（今乐都区）辖湟水、化隆二县。

黄河

⑨ 南宋

宝祐元年（1253年），蒙古汗国在河州设置"吐蕃等处宣慰使司都元帅府"，管辖甘、青一带的吐蕃部落。

⑩ 元代

中统二年（1261年），废乐州、廓州，改属西宁州。至元二十八年（1291年），回族先民进入青海地区，一部分定居在今海东地区垦荒种地。14世纪初，170户撒拉族先民由尕勒莽兄弟带领从中亚撒马尔罕迁徙至今循化县。

⑪ 明代

洪武六年（1373年），改西宁州为西宁卫，下辖6个千户所，其中碾伯（今乐都区）、古鄯（今民和县）位于今海东地区。卫所实行土汉参治，形成土司制度。

清代 ⑫

雍正二年(1724年)，改西宁卫为西宁府，新置西宁县、碾伯县。乾隆九年(1744年)，在今化隆县置"巴燕戎格抚蕃厅"，隶西宁府。乾隆二十七年(1762年)，移河州同知于循化，改置循化厅。

⑭ 中华人民共和国

1978年10月19日，设置海东地区，辖民和、乐都、湟中、湟源、平安县和互助土族自治县、化隆回族自治县、循化撒拉族自治县。

1999年12月，湟中县、湟源县划归西宁市管辖。

2013年2月8日，国务院批准青海省撤销海东地区设立地级海东市，撤销乐都县，设立乐都区。

2015年2月16日，撤销平安县，设立平安区。至此，海东市形成"两区四县"新格局。

中华民国 ⑬

1929年，青海正式建省，改碾伯县为乐都县。

1930年，析置民和县，增设互助县。

1949年9月，循化、民和、乐都、化隆、互助县先后解放。

历史概况

　　黄河上游、湟水与大通河流域，孕育了"黄河流域四大文化"之一的"河湟文化"。壮美独特的自然景观、星罗棋布的文化遗址、独具特色的民族文化、相融与共的宗教文化、古老传统的农耕文化、源远流长的民俗文化以及蜚声中外的"花儿""少年"是河湟文化的显著特点。

　　海东因位于丝路之南道、唐蕃之古道、兰西之中心、海藏之咽喉、河湟之核心而备受重视，以地处青海湖之东而得名。考古发掘表明，早在6000多年前，这里就有华夏先民活动的痕迹。秦汉以前，一直是羌人的聚居地。西汉神爵元年（前61年），先后设置一郡三县，即金城郡和允吾、安夷、破羌县，标志着海东正式纳入中央政府的行政体系。隋唐时期，海东盛极一时，一度成为陇右乃至西北地区的政治中心和军事重地。明清两朝，分属河州及西宁卫、府辖地。民国元年（1912年），北洋政府任命马麒为西宁总兵，从此马麟、马步芳盘踞青海统治近40年。1949年9月，中国人民解放军解放青海，海东人民获得了新生。

　　自1978年海东地区正式成立、2013年设市以来，海东经历了一段砥砺奋进的风雨历程，绘就了一部灿烂辉煌的时代乐章，实现了一个凤凰涅槃的城市梦想，传承发扬了灿烂辉煌的河湟文化，逐步形成了具有现代城市文化色彩的海东文化。

海东地处华夏民族的摇篮——黄河及湟水之间，是青海省开发时间较早、历史底蕴深厚的地区，以自然生态文化与历史人文为特色，民俗文化资源和宗教文化资源非常丰富。翻开海东史前文明光华四射的卷轴，徜徉于柳湾、喇家等远古文化遗址中，可以见证悠久的历史和灿烂的文明；漫步在古丝绸之路南辅道与唐蕃古道，回顾先民遗迹的苍凉与辉煌，则会被先民艰苦卓绝的创业精神所深深感染。

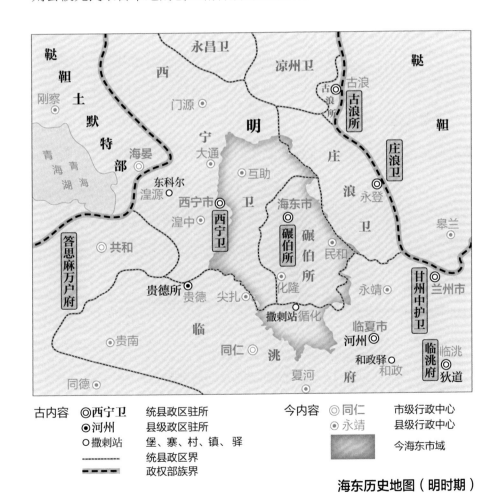

古内容			今内容		
◎西宁卫	统县政区驻所		◎同仁	市级行政中心	
⦿河州	县级政区驻所		⦿永靖	县级行政中心	
○撒剌站	堡、寨、村、镇、驿			今海东市域	
-------	统县政区界				
━━	政权部族界				

海东历史地图（明时期）

湟水河谷的古文化

　　海东是中华文明的重要发祥地之一，海东地区的先民为开发青海作出了不可磨灭的贡献。湟水河，是海东的母亲河。千百万年来，湟水穿行于峡谷与盆地间，形成串珠状的河谷。经河水冲积，两岸形成了广袤的肥田沃土，孕育了光辉灿烂的海东古代文化，勤劳智慧的湟水儿女，用他们的双手创造了丰富多彩的古代文明。在这块美丽富饶的土地上，从新石器时代的马家窑文化，到铜石并用的齐家文化、青铜器时代的卡约文化和辛店文化，都留下了丰富的文化遗存，将永远在中华文明史上焕发出夺目的光彩。

　　距今6000年左右，海东地区进入了以马家窑文化为代表的新石器时代。马家窑文化是中原地区仰韶文化向西发展而形成的具有西北地域特色的新石器时代晚期文化。在海东地区，马家窑文化遗存达781处，主要分布在民和县的阳洼坡、核桃庄、阳山、马场垣，乐都区的脑庄、柳湾，循化县的苏乎撒，互助县的总寨等地。马家窑文化时期制陶业发达。仅乐都柳湾墓地一处，就出土多种陶器和其他文物达37000余件，其中彩陶 17000 余件。

继马家窑文化之后，距今 4000~3600 年，海东地区进入齐家文化时期。齐家文化遗存主要分布在河湟地区的民和及乐都一带，其文化遗存在海东地区达 346 处。这一时期的制陶业比马家窑文化时期又有新的进步，开始使用轮制技术，不仅提高了生产效率，而且陶器质量也有所提高。齐家文化的特色是铜石并用，出现了冶铜业，尽管技术尚处在初始阶段，但它突破了沿用若干万年的制石工艺，标志着生产力水平有了新的飞跃，宣告历史已进入了青铜器时代。卡约文化和辛店文化便是海东地区青铜器文化的代表。

陶罐
齐家文化
中国国家博物馆藏

卡约文化距今 3000~2600 年，大致相当于西周时期，是在青海境内数量最多、分布范围最广的青铜器时代文化遗存，也是齐家文化的延续和发展。卡约文化以农业经济为主，尚兼有牧业和渔业的经济生活方式。卡约文化遗址在海东地区大约有 908 处。

辛店文化也与齐家文化有着十分明显的继承关系，距今 3600~2600 年。其冶铜业比齐家文化有了进一步的发展，除有小型铜制工具外，还有铜容器、铜饰品等，尤其以彩陶文化著称，融合了其他多个文化的特征。其遗址分布在河湟地区的循化、乐都、民和等地，达 85 处。以乐都的柳湾、民和的核桃庄出土的文化遗存最为丰富。

海东古文化类型

刻画网纹陶鬶
齐家文化
民和县喇家遗址出土 青海省博物馆藏

齐家文化
距今 4000~3600 年

马家窑文化
距今约 6000 年

彩陶壶
马家窑文化半山类型
柳湾原始社会晚期墓葬出土

鹿纹彩陶瓮

辛店文化

乐都区双二东坪遗址出土 青海省博物馆藏

辛店文化

距今 3600~2600 年

卡约文化

距今 3000~2600 年

双耳粗陶鬲

卡约文化

青海省博物馆

柳湾墓地　彩陶王国

最能体现海东古代文明的柳湾墓地，坐落在海东市乐都区高庙镇湟水北岸的柳湾村。

1974 年春季，柳湾村的农民在平地造田、挖渠引水的过程中发现了一块墓地。1974—1978 年，考古工作者在这里先后发掘出不同文化类型的古代墓葬 1691 座，有大批贫富分化墓、夫妻合葬墓和殉人墓等，这些墓葬按文化类型的不同，可分为马家窑文化半山类型、马厂类型、齐家文化和辛店文化，时间跨度长达 1000 多年。柳湾墓地是目前我国已知规模最大、保存较为完整的原始社会晚期氏族公共墓地，总面积约 11.25 万平方米。在柳湾墓地出土的文物近 3.7 万件，包括陶器、石器、骨器、装饰品等，其中各种形制的彩陶器皿达 1.5 万件之多，构成了一个绚丽多彩的"彩陶王国"。

柳湾彩陶中最开始引起考古界轰动的，是一件裸体人像彩陶壶，这件彩陶壶现珍藏在国家博物馆古代中国陈列厅。它是典型的小口鼓腹造型，高 33.4 厘米，腹部两侧有对称的双环形耳，人像站立，其人首塑于壶之颈部，

柳湾彩陶

面部五官俱全，披发，眉作八字，小眼，高鼻，硕耳，口微张。壶腹部为身躯，乳房丰满，用黑彩点绘乳头、肚脐、四肢，阴部袒露。上肢双手做捧腹状，下肢双足外撇。整个浮雕人像是先捏出人体造型，然后用黑彩在人像上进行勾勒描绘，烧制而成。壶的颈部背面绘有长发，长发之下，有大的蛙纹。

马厂时期是整个柳湾彩陶的鼎盛期，仅随葬品中的陶器就发现13227

裸体人像彩陶壶
典型的小口鼓腹造型，高 33.4 厘米。腹部两侧有对称的双环形耳，人像站立

33.4 厘米

件。这些陶器绝大多数是生活器皿，其中，679 件陶器上刻有符号，这些符号在陶壶的彩绘下面，即陶壶的腹下部，或者器物底部。据统计，这些符号大致可分为几何形和动物形两种。几何形中，有139种不同形状的刻符，它们皆由点、横、竖、斜等点线组成，常见有"+""-""×""卐"等符号。动物形符号较少，常见类似犬、鸟、牛、羊、虫等动物的符号。

2002 年 5 月 28 日，总投资 450 万元的彩陶博物馆在柳湾村正式落成。状如舞蹈彩陶盆的博物馆，占地面积 5845 平方米，分上下两层，建筑面积 2222 平方米，展览面积 1500 平方米，是目前中国最大的以展示彩陶文化为主的专题性博物馆。

柳湾彩陶与代表符号

蛙纹彩陶壶

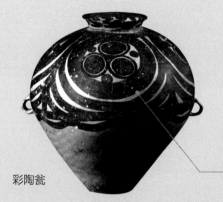

彩陶瓮

马家窑文化 半山类型

彩陶壶

人像彩陶壶

喇家遗址　东方庞贝

喇家遗址位于海东市民和县官亭镇喇家村黄河北岸的二级阶地前端，是黄河上游地区发掘的一处我国新石器时代以齐家文化中晚期为主的大型聚落遗址，也是我国唯一的大型史前灾难遗址，保留了当时地震、黄河大洪水及泥石流等多重灾难的遗迹，被誉为"东方庞贝"。遗址分布范围东西长约880米，南北宽约750米，占地面积约67.7万平方米。

1999年，考古工作者开始对喇家遗址进行田野考古发掘，历时9年，发掘面积近3000平方米，先后出土了目前国内最大的黄河石磬（用深色页岩加工制成，呈长方形，长96厘米，宽67厘米，厚4厘米，反映了当时的社会等级和礼仪制度）和大型玉刀（为长条形，已残半，残长32.8厘米，宽16.6厘米，厚仅0.4厘米，复原长度约66厘米，为三孔玉刀，孔径2厘米）等一批重要文物。该石磬和玉刀分别被誉为"黄河磬王"和"玉刀之王"，是我国迄今为止最大的"王者之器"。同时，还发掘出了陶、石、玉、骨等珍贵文物千余件，以及用谷子、黍子做成的面条，据考证，这是全世界迄今为止发现的最古老的面条，世界权威

喇家遗址灾难遗迹

齐家文化石磬
海东市民和县喇家遗址出土

喇家遗址 3 号房址遗迹

的科学杂志《nature（自然）》杂志，刊发了这一研究成果。这是对我国考古工作者数年辛勤工作的肯定，也是对喇家遗址价值的展示。

　　在喇家遗址还发现了迄今保存最好的齐家文化时期的聚落房址，祭祀用的广场和规模巨大的环壕，结构独特的窑洞式建筑、干栏式建筑，依墙壁或墙角而建的壁炉，祭坛和高等级墓葬，白石灰面的特殊地面建筑等重要遗迹遗存，直观地再现出齐家文化时期人们的生活方式和生存状态。此外，也揭示出了距今4000多年前，地震、洪水等接踵而至的灾难把"喇家村落"彻底摧毁的灾变过程。这一史前灾变现象，可能印证了远古时期的洪水传说，更有研究者据此提出了"大禹治水始于青海"之说。

考古学者认为，从出土的黄河磬王和玉刀之王来看，喇家遗址应该是齐家文化时期的地区权力中心，其地位可以和当时中国大地上的任一文化相媲美，甚至与中国文明腹心地带——伊洛河地区的龙山文化是并驾齐驱的。

2001年6月25日，喇家遗址被国务院公布为第五批全国重点文物保护单位，同年，发掘成果被评为全国十大考古新发现之一。2005年，喇家遗址被国家文物局确定为"十一五"期间100处重要保护的大遗址之一。2013年12月，国家文物局将喇家遗址列入第二批国家考古遗址公园立项名单，喇家遗址成为青海省首个获批立项的国家考古遗址公园，预计2018年10月局部开园。

喇家国家考古遗址公园规划图

南凉国都　乐都古城

　　在海东这片土地上曾经出现过一个少数民族统治的政权——南凉。南凉立国18年，先后经历秃发乌孤、秃发利鹿孤、秃发傉檀三位国君。

　　东晋太元二十年（395年），河西鲜卑秃发乌孤击败乙弗、折掘两鲜卑部，派部下石亦干修筑廉川堡，为建立政权做准备。东晋隆安元年（397年），河西鲜卑首领秃发乌孤以廉川堡为都城，在湟水流域建立南凉政权，年号太初。建国后，秃发乌孤率兵开疆拓土，于隆安二年（398年），占据后凉岭南五郡（洪池岭以南的广武、湟河、浇河、乐都、西平五郡），秃发乌孤自称"武威王"。隆安三年（399年），秃发乌孤将国都迁至乐都，大力经营河湟地区；举起反抗后凉吕氏统治的政治大旗，以扩大影响力；广泛招揽河陇等地的汉族豪族和儒士参政；模仿汉制，内设台省，外置郡县等，使南凉政权成为一个汉化的封建政权，河西鲜卑直接由部落联盟形态进入封建社会。

　　隆安四年（400年），正值南凉国势发展迅速之际，秃发乌孤因酒后落马摔伤，不久死去，其弟秃发利鹿孤继位，由"武威王"改称"河西王",立志统一河西。此时北凉在敦煌兴起,秃发利鹿孤便将都城从乐都迁到西平。西平地理位置优越,东凭湟峡(小峡、大峡)、西望金山、南依积石、北控祁连、近窥西海、远通西域,自西汉以来就是西部的政治军事重镇,既可以防范北凉的南侵,又可以进一步开发经营湟水上游地区,以固根本。东晋元兴元年(402年)三月,秃发利鹿孤病故于西平,其弟秃发傉檀嗣位。

秃发傉檀"少机警,有方略",是南凉史上最为世人推崇的一位政治领袖。秃发傉檀继位后改"河西王"为"凉王",还都于乐都。东晋义熙元年(405年),南凉占领后秦重镇姑臧,次年十一月,又将都城从乐都迁往姑臧,南凉国势达到鼎盛时期。据史载,这时的南凉国境东起今甘肃兰州以西,西至甘肃山丹县大黄山之麓,北抵今甘肃腾格里沙漠,南至黄河以南今青海黄南同仁一带,东南到今青海循化,西南到青海湖东北至海南贵德一带,成为河西、陇右地区的霸主。

但是秃发傉檀好大喜功、刚愎自用、独断专行,在立足未稳的情形下,派兵遣将,多次进攻北凉,遭到一连串的失败,终因穷兵黩武导致南凉亡国。特别是义熙三年(407年)的阳武(今甘肃靖远境)之战失败,使南凉元气大伤。随后又强徙300里内的百姓入姑臧城,引起"边梁之乱",南凉内外交困,势力渐衰。义熙六年(410年),秃发傉檀再次迁都乐都。义熙十年(414年),在西秦的强力攻势下南凉灭亡,次年,秃发傉檀被西秦王乞伏炽磐毒杀,不久太子虎台也遭杀害。

南凉国时间虽短,在青海历史上产生的影响却是深远的。河西鲜卑及其建立的南凉政权,对河湟地区经济、文化的发展起了积极的促进作用。秃发利鹿孤和秃发傉檀在其统治时期劝课农桑,修筑和扩建城镇,使河湟地区出现繁荣景象,当时在苑川至乐都、西平经扁都口至张掖的这段河西路的支线上，有许多中外商人和僧侣经停，这在一定程度上改善了中亚陆路的交通状况。

今天，作为历史名城的海东，将修建承载南凉历史记忆的南凉遗址公园。这是 2017 年海东市的重点建设项目，地点位于海东市乐都朝阳

山片区，总投资 4.19 亿元，建设面积 16.27 万平方米，总建筑面积 4.95
万平方米，主要包括公园景观工程、地下商业街、游客接待中心三部分。
其中，游客接待中心由历史展厅、城市规划展厅、多功能报告厅、茶室、
瞭望塔、纪念品商店等组成。

乐都南凉古城墙遗址

唐蕃古道　丝路驿站

　　青海海东地区，是亚欧大陆桥古丝绸之路东亚中亚部分的重要中继站。海东作为丝绸之路南路的"羌人道""吐谷浑道"的必经之地，在前后将近 500 年的时间里，对东西方的文化交流、文明传递、生产技术的传播及商业贸易的流通，产生了重大的影响。

　　海东在唐宋时称河州，地处青藏高原与黄土高原之间的过渡区域。从民族上看，河州正处在藏汉两大民族之间；从经济上看，它是介于青藏牧区和内地农区之间的一条走廊，是历史上唐蕃古道和茶马互市的重镇，是汉藏间经济文化交流的中心之一。

唐蕃古道

　　海东市平安区位于湟水河流域，地理位置优越，交通便捷，是唐蕃古道和古丝绸之路南线的重要驿站，有青藏高原"硒都"之称，被誉为河湟谷地胸襟上一颗灿烂的明珠，是历代兵家必争之地。

　　先秦时期，平安地区为羌戎牧地，西汉时驻军开始屯田，种植谷粟。

唐蕃古道遗迹

海东曾是唐蕃古道上的咽喉

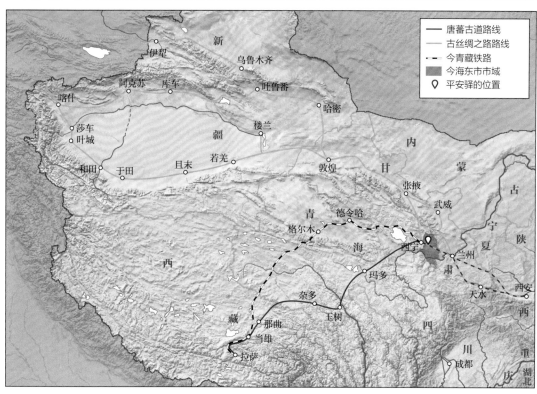

古丝绸之路南道、唐蕃古道示意图

继两汉时汉人开始迁入平安地区后，魏晋与隋唐时，先后又有鲜卑、吐蕃等族迁入，促进了农牧业的发展，商贸往来也随之兴起，平安成为唐蕃古道上著名的递铺驿站。

唐蕃古道是唐王朝和吐蕃王朝之间政治、经济、文化交流的主要通道，也是中印文化交流的干线之一。这条道路从长安出发，经过甘肃、青海，直通到吐蕃的国都逻些，再一直向西南方向延伸通往尼波罗和印度。在漫长的历史长河中，这条通道扮演了重要的角色，它不仅是汉藏人民友谊的见证，也是一条文化传播长廊。

古鄯驿

古鄯驿是海东市民和县境内一颗璀璨的明珠，处于整个县境的中心位置，是古丝绸之路南道和唐蕃古道上的重要驿站，地理位置十分重要，历代为兵家必争之地。尤其是河西走廊通往西域的大道断绝后，古鄯城成为内地和西域使节往来、僧侣和客商出入的重要通道。

古鄯城为汉代金城郡辖地龙支县府所在地，当地俗称"堑城"，初建于汉和帝时，现存城墙建于明洪武十九年（1386年）。金城郡西部都尉曹凤曾驻防于龙支城。西魏改北金城县为龙支县；北魏为金城县治龙支堡，纳入鄯州西平郡；北周时龙支县属河州枹罕郡；唐时吐蕃攻陷鄯州，属河州；后唐收复鄯州所辖属县；元时属甘肃行省，为西宁州辖地；明洪武十九年（1386年）在此设古鄯驿，为西宁卫七个驿站之一。明隆庆六年（1572年），修竣古鄯城边墙。明嘉靖四十一年（1562年）置操守官，明万历十二年（1584年）改守备。当时的古鄯千户所属西宁卫管辖，驻军1000多人。1931年曾加固加宽部分城墙。中华人民共和国成立后，城墙被毁，出土了"海马葡萄铜镜"等唐代文物；

1986年城内曾出土铁炮等军用品。如今，民和县境内的隆治沟、隆治河、隆治乡之所以被称为"隆治"，实则源于龙支的谐音。

现已证实，古鄯城是民和境内的两条重要交通干线——古丝绸之路南道、唐蕃古道的交会之地，这条古道从马营起步一直沿南大山（小积石山）北麓直到西宁。此外，民和境内还有一条古道，即从今临夏的大河家起始，过黄河到民和县官亭镇，经满坪至古鄯，由古鄯东北出龙支

民和古鄯驿城门

谷（今隆治沟）到允吾（今下川口），从郑伯津渡河去河西走廊。

唐文成公主、金城公主远嫁吐蕃，刘元鼎出使吐蕃，都曾经过古鄯。自唐、宋、元、明、清以来，这座古城的商贸活动非常活跃。往来于古鄯的商人驮队将牲畜、皮革、皮毛、食盐、鹿茸、麝香等产品运往内地，又从内地将丝绸、布匹、茶叶、食糖、农具等生活用品和生产工具运到青海各地。尤其是清代以来，以西宁为中心，西川的多巴、北川的白塔尔、贵德的河阴和民和的马营、古鄯等地方，成为青海民族贸易的主要集散地和市场。后来由于兰州和西宁之间近代交通的兴起，其重要地位才由川口镇逐渐替代。

以喪法危邦可取鑒也且公主下嫁從人遠適異國合慕夷禮返
臣聞聲秉周禮齊不加兵吳獲乘車楚疲奔命一以守典存國一
詐之計深於文則知往來有書檄之制何異借寇兵而資盜糧也
師干之試深於禮則知月令有興廢之兵深於傳則知用師多詭
決敏情持銳善學不迴若達於青必能知戰深於詩則知用武夫有
青今西戎國之寇讐學可貽經典之事且臣聞吐蕃之性慓悍果
史記多兵謀諸子雜詭術夫以東平漢之懿戚何不欲示征戰之
非心在乎有備無患昔東平王入朝求史記諸子漢帝不與蓋以
無備與有恒制不可以假人傳曰裔不謀夏夷不亂華所以格其
上疏請曰臣聞狄戎國之寇也經籍國之典也戎之生心不可以
請毛詩禮記左傳文選各一部制令祕書省寫與之正字于休烈
聘仍於赤嶺各竪分界之碑約以更不相侵時吐蕃使奏云公主

《旧唐书》关于金城公主远嫁吐蕃记事

官亭

官亭为丝绸之路南辅道和唐蕃古道之要津，史称"临津渡"。为迎接入境使者与官员，这里曾建有"接官厅"，官亭之名由此而来。

隋大业五年（609年），隋炀帝亲率十万大军征伐吐谷浑。隋军从长安出发，经陇山（今宁夏南部），过狄道（今临洮），经甘肃临夏大河家，于四月二十七日在官亭临津渡过黄河，经民和、古鄯沿湟水西进至乐都陈兵讲武。隋炀帝是历史上巡视河湟地区的第一位皇帝。

　　自古以来，官亭就在东西交通中占据着十分重要的地位。特别是在大业五年（609年）隋炀帝渡临津过黄河以后，这里就成为西进西域、东下长安的重要古道和商贸通道。唐宋以来，随着大批阿拉伯、波斯商人进入河湟流域，这里的商贸经济得到快速发展，与中原的联系也更加紧密，可谓"朝贡不绝，商旅相继"。官亭临津古渡，历史上为经济繁荣、文化交流、祖国统一和民族团结，发挥了极重要的历史作用。

1936年的民和县官亭

G
中国国家
人文地理

风雨年轮　红色传承

海东市在 1929 年青海建省前，隶属于甘肃省。在从 1919 年五四运动到中华人民共和国诞生这一历史时期内，一大批来自海东地区的各族爱国志士，先后投身革命事业，在反帝反封建、抗击日寇以及推翻国民党反动统治的斗争中，作出了重要的贡献。

黄河岸边，撒拉族家园，红光清真寺上熠熠闪光的红星，讲述着在风雨如磐的黑夜里，那些红军战士坚韧不屈、顽强斗争、迎接黎明的传奇故事，而在湟水北岸的土族之乡，那两棵挺立风雨的古树，则见证了青海省第一个农村基层党支部秘密成立的神圣时刻。

近年来，海东将爱国主义教育基地建设纳入了海东市精神文明建设总体规划中，不断强化爱国主义教育基地软硬件建设，精心打造省市县各级爱国主义教育基地，努力提升爱国主义教育基地建设水平与实际成效。现有国家级爱国主义教育基地 2 处（乐都区柳湾彩陶博物馆、互助北山国家森林地质公园），省级爱国主义教育基地 1 处（循化县红光清真寺），市级首批爱国主义教育基地 30 处。这些爱国主义教育基地，就像闪耀着红色光芒的星辰，在海东 1.32 万平方千米的上空，激励海东 170 万各族人民不忘初心，牢记使命，为中华民族复兴伟大的中国梦而团结拼搏，勇往直前。

海东爱国主义教育基地示意图

红光：撒拉之乡的红色密码

积石山下，黄河岸边，有一个曾经叫"赞布呼村"的小村庄。这就是海东市循化撒拉族自治县查汗都斯乡的红光村。早在1939年，西路红军被俘战士曾与撒拉族群众有过亲密接触，他们在红光村留下了许许多多鲜为人知的"红色密码"。

1939—1946年间，青海军阀马步芳将从甘肃河西走廊俘虏的5600多名西路红军战士押至青海，并将其中的400名组成"工兵营"，押解到现在的循化县查汗都斯乡赞布呼村。在黄河南岸，这些红军战士在马步芳士兵的监督下，从事伐木、垦荒、修路、建房等苦役，共开垦荒地约113公顷，开挖水渠7000米，修建住宅60多处、学校一所、清真寺一座。红光村、红光清真寺和西路军红军小学就是由当时被俘的红军战士设计并施工建成的。

红光村

红光村红军文化长廊

　　为了缅怀先烈、激励今人、启迪后人，1987年青海省人民政府在红光村修建了一座纪念馆，并将赞布呼村、赞布呼清真寺、赞布呼小学一律更名为以"红光"开头的名字，寓意红军精神光照千秋。

　　被俘西路红军战士坚信"红军一定会胜利，革命一定会成功"。在建造红光村时，虽遭敌人严密监视，但他们在撒拉族乡亲们的帮助下，采取了各种方式与敌人进行了顽强的斗争。西路红军战士将所有房屋一律建成西房五间的格局，其中蕴含了红五星之"五"，西路红军之"西"；把院落大门一律设计成坐南朝北的样式，暗示了西路红军战士北上抗日等坚定信念。

　　红光清真寺占地2600多平方米，四合院布局，由唤醒楼、南北配房、大殿三部分组成，唤醒楼为三层四柱亭子式；南北配房各五间，大殿为斜山式建筑，采用飞檐筒瓦，花砖、屋脊呈两面坡式分布。当年红军战士在修建过程中，巧妙地将红五星、镰刀、斧头、工字、领章等象征革命的图案雕刻在花砖之中，镶嵌在墙壁之上，至今仍在清真寺的大殿屋脊、墙壁上依稀可见。清真寺的唤醒楼也打破了撒拉族传统的八角楼或六角楼的造型风格，别具一格地采用了更为简单和实用的四角楼造型，看似无意的变化实际暗含蕴意，"四"象征着西路红军的前身为中国工农红军第四方面军，四根柱子采用一根到顶的通天柱，以此暗寓"抗战到底"的决心。

　　2006年，红光清真寺被列为全国重点文物保护单位；2013年被国家民族事务委员会确定为"全国宗教界爱国主义教育基地"；2014年被青海省海东市确定为"海东市级爱国主义教育基地"。2009年4月，由红光村村委会和红光清真寺管委会联合投资，创建了全国首座民间西路红军纪念馆。纪念馆内共陈列资料照片80多张，实物20余件。

西路军红军小学是全国唯一由西路红军战士修建的学校。2011年11月17日，全国红军小学建设工程理事会授予西路军红军小学"中国工农红军青海西路军红军小学"校牌，并授予由232位老革命及红军后代亲笔签名的中国工农红军军旗和爱国主义教育基地牌匾。目前，西路军红军小学已获得"海东市爱国主义教育基地""青海省红色教育品牌""全国优秀红军小学"等荣誉称号。

近年来，红光村通过红色文化与撒拉族文化相结合的模式，先后推出了民俗之旅、生态之旅、红色之旅三大特色旅游项目，擦亮了红色文化底色，打造出了红色旅游品牌。

红色的种子已在这片黄河岸边的沃土上生根发芽，开花结果，殷红如火。

红光村循化西路红军革命旧址

双树：年轮里珍藏的记忆

1950 年 2 月 8 日，青海省农村基层第一个党支部，在一个村头有两棵古榆的普通村庄里秘密诞生了。历尽沧桑的两棵古树见证了这个审慎而又神圣的时刻。从此，它的风雨年轮中刻入了一圈又一圈的红色记忆……

双树村位于海东市互助土族自治县塘川镇北部、县政府所在地威远镇西南 8 千米处的沙塘川河西岸，明万历年间，村里有两株大榆树，由此而得名双树村。1949 年 9 月，互助解放。当年 11 月，工作队成员刘元祥、郝凤洲、常茂清等同志进驻双树村，秘密开展党的工作，首批吸收了胡成海等五人，加入中国共产党。

1950 年 2 月 8 日，一次特殊的党员会议在胡成海家老宅的西北屋角顶上举行。苏仕仁、袁中寿、李录邦、胡成海、胡明伟、袁生英围坐

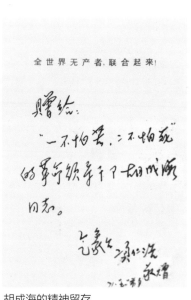

胡成海的精神留存

青海省农村基层第一个党支部成员

成一圈，他们肩负重任，神情庄严，在二区区委组织科长苏仕仁的主持下，秘密召开了党员会议，选举成立了中共双树行政村党支部委员会，胡成海担任党支部第一任书记，青海省第一个农村基层党支部诞生了。

双树村这个特殊的西北屋角，被后人称为"红色屋角"。

支部成立后，带领党员群众更加坚定地投入保护和发展群众生产生活的新一轮战斗中。为了提高警惕，防止土匪骚扰，他们经常选择在屋顶和衣睡觉并放哨，还协助解放军与土匪开展搏斗，保卫新生的人民政权。双树村党支部在民主改造和社会主义建设等各个时期，始终如一地发挥农村党支部的战斗堡垒作用、引领带动和示范辐射作用，在青海省农村党组织史上写下了光辉的一页。

为巩固新生的人民政权，双树村党支部在党的领导下，带领农民进行土地改革和社会主义建设，掀起了建设社会主义的高潮，为双树村的发展奠定了坚实基础。经过 60 多年的艰苦奋斗、开拓进取，双树村已发生了翻天覆地的变化。

为了铭记历史，不忘初心，继续前行，2007 年，县委组织部、党史研究室征集实物，建成了双树村党史成果展室，随后出版了《党旗飘扬》《红色双树》。2012 年，双树村纪念展馆被命名为海东市爱国主义教育基地；2015 年，建成标志性的党旗雕塑及党史展馆和影视放映室；2016 年，双树展馆被确定为"互助县党性教育基地""青海省农村干部教育培训特色基地"；2017 年，双树村被确定为海东市党史教育基地。越来越多的人在那两棵老树的召唤下，去倾听那风雨年轮里珍藏的红色记忆，感受这个村庄承载的厚重历史，学习"永不停止、永远争先"的双树精神。

历史名人

　　海东地处华夏民族源流之一的河湟地区，历史悠久，底蕴深厚，加之土地肥沃、气候宜人、物产丰饶，孕育了勤劳智慧的海东人民。同时，海东又是唐蕃古道和古丝绸之路的交通枢纽，历来备受瞩目，风云际会，名人辈出，为海东留下了一个又一个名垂千古的英雄传奇。

　　与海东结下不解之缘的历史名人，如"教农稼穑"的无弋爰剑、"河湟之父"赵充国、土族先贤吐谷浑、南凉国君秃发兄弟、"联宋抗夏"的唃厮啰、撒拉族先贤嘎勒莽和阿合莽、抗日英雄曾国佐等，他们的光辉形象闪耀在海东历史的长河中。

"河湟之父"赵充国

　　赵充国（公元前137—前52年），字翁孙，陇西上邽（今甘肃天水）人，西汉著名将领。汉武帝时，曾随贰师将军李广利出击匈奴。汉昭帝时，平息武都郡氐族的叛乱；出击匈奴，俘虏西祁王。汉昭帝死后，参与霍光尊立汉宣帝，封营平侯。神爵元年（前61年），汉宣帝用他的计策，平定羌人的叛乱。次年，诸羌投降。甘露二年（前52年）赵充国病逝，谥曰壮侯。

赵充国不仅是一代名将，而且是一位能骑善射、骁勇多谋的军事家、政治家。他的留兵屯田之策为深谋远虑之议，不仅在当时具有战略意义，

赵充国
公元前137—前52年，字翁孙，陇西上邽（今甘肃天水）人，西汉著名将领

赵充国之墓

而且对后世影响深远。神爵元年（前61年），赵充国年逾七十，仍督兵西陲，挫败羌人进犯。回师以后，三次向朝廷上书，详细分析了形势，建议防事变于未然，提出了"以兵屯田"的主张，得到宣帝的赞赏。

他建议朝廷将屯田湟中（今青海西宁、海东）作为持久之计，提出亦兵亦农、就地筹粮的办法。这种办法可以带来"因田致谷""居民得并作田，不失农业""将士坐得必胜之道""大费既省，徭役预息"等"十二便"，对于开发和稳定边疆，减轻人民负担，促进民族融合、民族团结，起到了极大的积极作用。他带来的先进技术和先进文化，为海东地区的开发建设和河湟文化的形成，作出了不可磨灭的贡献。赵充国是开发河湟的第一人，称之为"河湟之父"，毫不过分。

"联宋抗夏"唃厮啰

9世纪中叶，吐蕃王朝崩溃，王室各系纷纷外逃避难。直到宋仁宗明道元年（1032年），作为吐蕃王朝赞普后裔的唃厮啰才重新夺得政权。

唃厮啰执政后，改变过去豪强大族们投靠西夏、与宋为敌的外交政策，极力主张"联宋抗夏"。一方面，他将吐蕃各部落所出产的良马源源不断地输送到中原，以补充宋王朝战马的不足；另一方面，紧密配合宋王朝的各项军事行动，从侧面出击西夏。他统领今青海东部和甘肃部分地区，拥兵数万，联合北宋，对抗西夏，在与西夏交战中，数破强敌。另外，西夏占据河西走廊后，扼断了西域各国同宋王朝的联系。唃厮啰恢复了从西域经河湟入中原的"古吐谷浑路"，并在青唐、邈川、临谷等城设立贸易市场，还派兵护送各国商队直至宋边境，在促进了文化交流的同时，为宋朝提供了大量物资，对保障丝绸之路的畅通，作出了重要贡献。

唃厮啰执政 33 年间，联宋抗夏，疏通丝路，社会稳定，百姓安居乐业，农牧业快速发展，商贸极其繁荣，对于开发和稳定边疆，促进东西交流、促进民族融合团结，起到了极大的积极作用。

抗日英雄曾国佐

曾国佐（1890—1945 年），字伯勋，海东市互助县曹家堡人。其父曾纪德在北京参加过抗击八国联军的反侵略战争，受父辈的熏陶，少年曾国佐就已心怀鸿鹄之志。他 12 岁进入西宁蒙藏学校，17 岁进入甘肃武备学堂，后进入保定陆军军官学校。

1933 年 3 月，时任国民党二十九军三十七师一〇九旅二二二团团长的曾国佐参加了著名的喜峰口战役。3 月 5 日黎明时分，日寇以 18 门野炮等优势火力，居高临下，疯狂地向二二二团阵地轰击，情况十分危急。曾国佐团长义愤填膺，庄严宣誓："经次战斗，关系国家的存亡，宁为玉碎，不为瓦全，军人守土有责，只能前进，不能后退。"在一个狂风怒号的深夜，曾国佐率部出其不意地袭击了日寇的一个据点，重创敌营。随后又乘胜出击，与敌连续血战两天两夜，歼灭了敌人的有生力量。中国军队大获全胜，缴获了大量的武器弹药，振奋了中国军民抗日救国的意志和信心。

后来，曾国佐从喜峰口到卢沟桥，从宛平城到大名城，从河南到湖北，连年征战，多次负伤，积劳成疾。1945 年，病逝于宁夏中宁。

曾国佐将军一生最辉煌的岁月都挥洒在为民众争自由、为国家争独立的战场上。他的事迹，至今依然为人们所传颂。

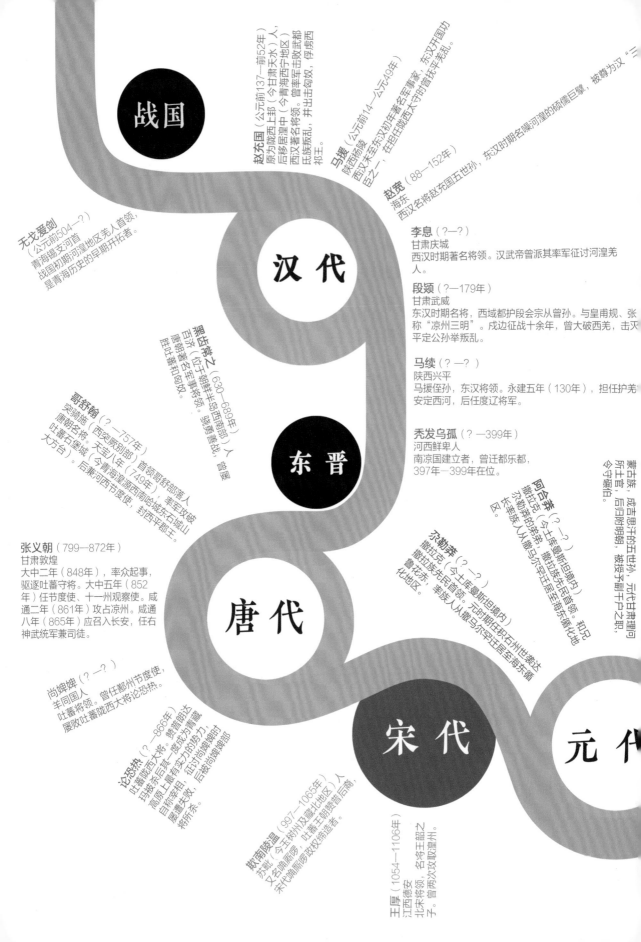

战国

汉代

东晋

唐代

宋代

元代

无戈爰剑（公元前504—？）
青海湟水支河首，战国初期河湟地区羌人首领，是青海历史上的早期开拓者。

赵充国（公元前137—前52年）
原为陇西上邽（今甘肃天水）人，后移居陇中（今青海西宁地区）。西汉著名将领。曾率军击败武都氐族叛乱，并出击匈奴，俘虏西祁王。

马援（公元前14—公元49年）
陕西扶风，西汉末至东汉初年著名军事家，东汉开国功臣之一，在担任陇西太守时曾抚平羌乱。

赵宽（88—152年）
海东
西汉名将赵充国五世孙，东汉时期名噪河湟的硕儒巨擘，被尊为汉"祁王"。

李息（？—？）
甘肃庆城
西汉时期著名将领。汉武帝曾派其率军征讨河湟羌人。

段颎（？—179年）
甘肃武威
东汉时期名将，西域都护段会宗从曾孙。与皇甫规、张称"凉州三明"。戍边征战十余年，曾大破西羌，击灭平定公孙举叛乱。

马续（？—？）
陕西兴平
马援侄孙，东汉将领。永建五年（130年），担任护羌安定西河，后任度辽将军。

秃发乌孤（？—399年）
河西鲜卑人
南凉国建立者，曾迁都乐都，397年—399年在位。

黑齿常之（630—689年）
百济（位于朝鲜半岛西南部）人，唐朝著名将领，骁勇善战，曾屡胜吐蕃和匈奴。

哥舒翰（？—757年）
突骑施（西突厥别部）首领哥舒部落人，唐朝名将。天宝六年（749年）袭宕攻破吐蕃石堡城（今青海湟源西南哈城东石城山大方台）。后任河西节度使，封西平郡王。

张义朝（799—872年）
甘肃敦煌
大中二年（848年），率众起事，驱逐吐蕃守将。大中五年（852年）任节度使、十一州观察使。咸通二年（861年）攻占凉州。咸通八年（865年）应召入长安，任右神武统军兼司徒。

尚婢婢（？—？）
羊同国人
吐蕃将领。曾任鄯州节度使，屡败吐蕃陇西大将论恐热。

论恐热（？—866年）
吐蕃陇西大将，擅曾用达珊掌杀后自立，一度成为青藏高原上最有实力的势力，自称宰相，征讨尚婢婢时屡置失败，后被尚婢婢部将所杀。

俞龙珂（997—1085年）
苏武（今王树州又藏北地区）人，又名唃厮啰，吐蕃王朝蕃酋后裔，北宋时蕃族首领，曾两次攻取湟州。

王厚（1054—1106年）
江西德安
北宋将领，名将王韶之子，曾两次攻取湟州。

尕勒莽（？—？）
撒拉克（今土库曼斯坦境内）撒拉族先民首领。元时期任积石州世袭达鲁花赤，羌族人从撒马尔罕迁居至循化地区。

阿合莽（？—？）
撒拉克（今土库曼斯坦境内）撒拉族的弟弟，撒拉族先民首领，羌族人从撒马尔罕东迁至循化地区。

蒙古族，成吉思汗的五世孙，元代甘肃撒理河所土官，后归附明朝，被授予副千户之职，今守镇伯。

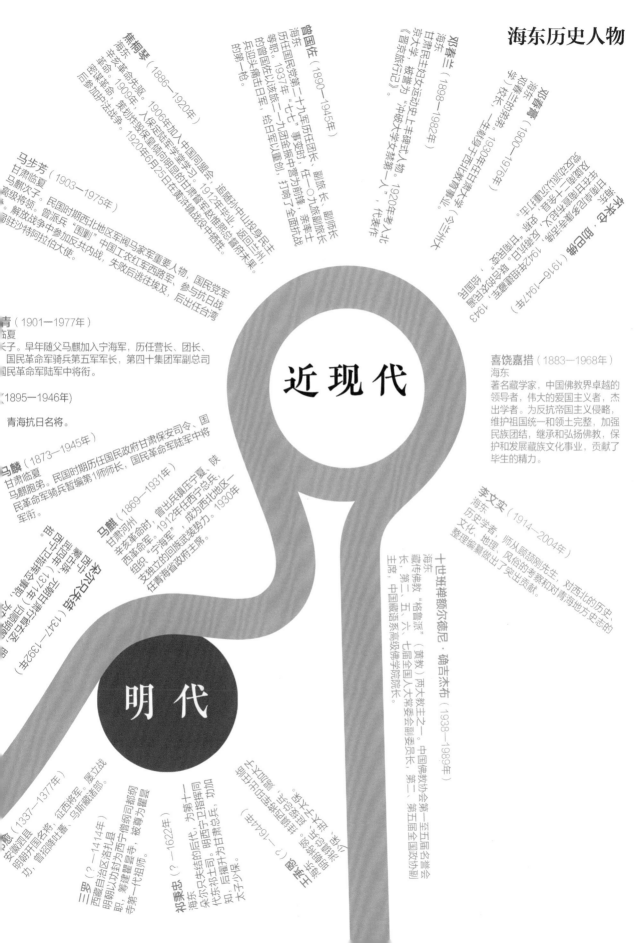

邓春兰（1898—1982年）
海东
甘肃民主妇女运动中上书蔡元培、京京大学，被誉为"冲破大学女禁第一人"。著有《留京旅行记》。

邓春膏（1900—1976年）
海东
……一年前考入北京大学。1930年出任西北师范学校长。（兰州大学）……代表作

曾国佐（1890—1945年）
甘肃
历任国民党第二十九军历任团长、副旅长、副师长等职。1937年"七七"事变时，任一一〇旅旅长，返回兰州。1920年6月25日在枣树林激战役中牺牲。打响了全面抗战的第一枪。

焦桐琴（1886—1920年）
海东
辛亥革命先驱。1906年加入中国同盟会，追随孙中山投身革命。1909年，……秘密……后参加护法战争。

马步芳（1903—1975年）
甘肃临夏
马麒次子。民国时期西北地区军阀马家军重要人物，国民党高级将领。解放战争中参加反共内战，……后出任沙特阿拉伯大使。

……青（1901—1977年）
……
……子。早年随父马麒加入宁海军，历任营长、团长、国民革命军骑兵第五军军长，第四十集团军副总司……国民革命军陆军中将衔。

（1895—1946年）
……
青海抗日名将。

马麟（1873—1945年）
甘肃临夏
马麒胞弟。民国时期历任国民政府甘肃保安司令、国民革命军骑兵暂编第1师师长，国民革命军陆军中将军衔。

马麒（1869—1931年）
甘肃河州
辛亥革命时，曾出兵镇压宁夏、西宁等地的反革命军。1912年任西宁总兵，组织"宁海军"，成为西北地区一支独立的回族武装势力。1930年任青海省政府主席。

近现代

明代

喜饶嘉措（1883—1968年）
海东
著名藏学家，中国佛教界卓越的领导者，伟大的爱国主义者，杰出学者。为反抗帝国主义侵略，维护祖国统一和领土完整，加强民族团结，继承和弘扬佛教，保护和发展藏族文化事业，贡献了毕生的精力。

牟文实（1914—2004年）
海东
历史学者，师从顾颉刚先生，对西北的历史、文化、地理，风俗的考察和对青海地方志的整理编纂做出了突出贡献。

十世班禅额尔德尼·确吉杰布（1938—1989年）
海东
藏传佛教"格鲁派"（黄教）两大教主之一。中国佛教协会第一至五届名誉会长，第二、五、六、七届全国人大常委会副委员长，第二、第三、第五届全国政协副主席，中国藏语系高级佛学院院长。

三罗（1337—1377年）
西藏自治区洛扎人。明朝开国名将，征服将军。屡立战功，曾招抚吐蕃，乌斯藏顺部。

祁秉忠（?—1622年）
海东
朵尔只失结的后代，为第十一代东祁土司。明西宁卫指挥佥事，加副总兵，功加……后擢升为甘肃总兵，知……太子少保。

……（?—1414年）
安徽泗县
明朝开国名将，征西将军。屡立战功，曾招抚吐蕃，乌斯藏部。……明朝以功封为西宁……寺……被尊为曜昙寺第一代祖师。

王……（?—164?年）
……

古刹名寺

海东古刹名寺分布示意图

却藏寺
西北四大寺院之一，藏语称为"却藏具
喜不变洲"。清廷曾赐"广教寺"，许
建九龙壁，后再赐"祥轮永护"匾额
清顺治六年
（1649年）

甘禅寺
清顺治十一年
（1654年）

青海湟北名寺之一。藏语称"甘禅大乘解脱洲"。清川
一年（1654年），由四世班禅罗桑却吉坚赞弟子崔臣
经堂，从而形成寺院，后建讲经学院，取名"具喜善寻

甘冲寺
（1930年）

又名甘冲尕寺，是海东
县唯一的藏传佛教宁玛
（教）寺院。寺名梵语称
夏智吾林"

五峰寺
四面五峰林立如手掌而被称为
五峰山，山上寺院称五峰寺。是
中国古典式庙宇建筑，清朝时被
称为"湟中八景"之一
明崇祯十五年
（1642年）

扎龙寺
清顺治十年
（1653年）

藏语称"扎隆尕尔扎西切"，也
石吉祥洲"，寺内有法相、时轮、
哲理学院及总领全寺的大经堂。
显宗、密宗、修辞、医药等学科

佑宁寺
藏语称"郭隆弥勒洲"，属寺众多，被誉为"湟
北诸寺之母"。有显宗、密宗、时轮、医明四个
学院，有章嘉、土观、松布、却藏、王嘉、达玛
等20多位活佛。雍正帝赐额"佑宁寺"
明万历三十二年
（1604年）

赵家寺

弘善寺
亦称"宏善寺""红山寺"
语称"巴州佛教兴旺洲"。
西沟乡西的白家藏，故亦称
藏寺"或"白家寺"
清初

洪水泉清真寺
青海省目前保存最好、最完整的古代清
真寺建筑之一，以独特的风格和精湛的
雕刻工艺及建筑艺术而闻名遐迩，被誉
为"青海清真寺建筑史上一绝"
明永乐二年
（1404年）

安家寺

保塔寺

夏宗寺
藏传佛教格鲁派（黄教）创始人宗喀巴曾在
此受戒。与海南藏族自治州兴海县的智革
贝宗、黄南藏族自治州尖扎县的阿琼南宗，
以及乐都区的普兰央宗并称为"安多四宗"
元末

卡夏底普胜寺

七里寺避暑山庄

雄先寺
亦称"雄宣寺""雄先尕寺"，藏
语称"雄先静房"。大司徒·绛曲
坚赞奉元顺帝之命，为追荐萨班和
八思巴而塑立
元至正年间

夏琼寺
青海省最古老的藏佛寺之一，藏传
佛教格鲁派的创立者宗喀巴大师在
此剃度出家。寺后山崖形如展翅欲
飞的鹫鸟，故得名"夏琼寺"
元至正九年
（1349年）

阿河滩清真寺
由黄河南岸迁驻于此地的撒拉族先民所
建，明万历年间扩建，至今保留了元明
时期的建筑风格
元至治三年
（1323年）

文都大寺
藏语称"文都贡钦扎西曲科尔朗"，是十世班
禅额尔德尼确吉坚赞大师幼年学经的地方，也
是其回乡进行宗教活动的主要场所
元世祖至元九年
（1272年）

古雷寺
元惠宗至元二年（1336年）
全称"道帏扎仓具喜兴盛洲"。元惠宗
二年（1336年），同仁隆务寺三旦仁青
此勘地建寺。该寺的喜饶嘉措大师是闻
迩的"拉然巴"

南门峡镇
巴扎藏族乡
加定镇
五峰镇
互助土族自治县
威远镇
五十镇
红崖子沟乡 ①
寿乐镇 ②
平安区
平安镇
乐都区 ③
民和回族土族自治
④ 高庙镇
⑮ 川口镇
瞿昙镇
⑤
⑥
中坝藏族乡
查甫藏族乡
雄先藏族乡
化隆回族自治县
巴燕镇
⑬
古鄯镇
⑦
马营镇
⑧
塔加藏族乡
甘沟乡
⑭
甘都镇
⑨
杏儿藏族乡
⑩
⑪
循化撒拉族自治县
街子镇
清水乡
⑯
文都藏族乡
⑫ ⑰ 白庄镇
道帏藏族乡

⑬ 支扎上寺 1903年 — 青海省著名的日朝巴寺院，亦称"德扎寺"，藏语称"支扎扎西曲顶"，意为"支扎吉祥法地"

⑭ 卡地卡哇寺 明永乐年间 — 明代藏传佛教格鲁派在民和地区所建的三大寺（宏化、灵藏、卡地卡哇寺）之一，清代文献中称之为"静宁寺"

⑮ 广隆寺 明洪武二十八年（1395年）— 亦称"广龙寺"。属莲花台寺系统，信徒主要为川口、马场垣、北山等地的汉族

⑯ 塔沙坡清真寺 明末 — 撒拉乡众多清真寺中保存最完整的古建筑之一。南眺风光妩媚的孟达国家级自然保护区，东临蜿蜒黄河，北靠大山

⑰ 科哇清真寺 清代 — 曾是"撒拉八工"之一——乃曼工的主寺，该寺由照壁、山门、邦克楼、南北配房、礼拜殿组成，为四合院式十字形轴线建座布局

央宗寺 唐朝 — 藏语称"普拉央宗静房"，意为山沟中险峻的神地。与尖扎县的阿琼南宗、兴海县的知嘎尔贝宗、平安县的夏哇日宗齐名，为"安多四宗"之一

万寿寺 明代 — 汉传佛教寺院，为明清以来古都有名的"八景"之一

营清真寺 咸丰年间 — 以经堂教育著称，在甘、青地区有一定声望。礼拜殿糅合了中国古典式和阿拉伯式建筑风格，规模宏大，雕饰细腻，工艺精致

达清真寺 天启年间 — 曾是"撒拉八工"之一的孟达工的主寺之一。整个建筑依山傍水，山寺相连，是典型的明代古建筑

清水清真寺 明代 — 撒拉语称"乃尔吾勒阿格勒米希提"。始建于明代中期，具有中国传统宫殿建筑风格

① 白马寺 11世纪 — 依山而建，凿孔架梁，悬空而起，殿堂之间，由木头楼梯和石阶连接。殿堂共分三层，最上层为佛堂，供奉喇钦·贡巴饶塞的塑像

② 羊官寺 明代 — 又名"寿乐寺"，藏语全称为"东霞扎西曲林"，意为"北山吉祥丛林"

③ 西来寺 明万历三十四年（1606年）— 寺院规模宏大，古朴典雅，是青海境内保存完好的古寺中典型的汉传佛教寺院

④ 石沟寺 明万历年间 — 位于乐都区姜湾村南峡谷中，因沟谷名为"石沟"，故名石沟寺

⑤ 瞿昙寺 明洪武二十五年（1392年）— 建于明洪武年间，历经明代五代帝王的不断扩建，整座寺院仿北京故宫的建筑格局，是典型的汉式宫殿建筑，在青海佛教寺院中独树一帜

⑥ 药草台寺 明万历四十七年（1619年）— 藏语称"卓仓贡扎西伦布"。《西宁府新志》载其为瞿昙寺下院，"依山临流，多产药草，因为寺名云"，以风景秀丽著称

⑦ 赛智寺 清康熙十六年（1677年）— 亦称"赛治寺""色只寺""晒赤寺"等，藏语称"赛支具喜兴法洲"。曾为巴州寺属寺，因巴州寺衰落而独立，下辖安关寺

⑧ 慈利寺 明代 — 亦称七里寺，藏语称"曼曲达杰日朝"，意为药水兴旺静房。由麻尼巴（化隆县赛智寺寺主）建于火龙年，寺主金夏茸，传有三代

⑨ 丹斗寺 10世纪中叶 — 作为"后弘期"佛教的发祥地，在藏传佛教史上占有重要位置，一直是各派信徒向往的圣地

⑩ 才旦寺 明天启三年（1623年）— 藏语称"才旦具喜讲修洲"。下辖民和县的赵木川寺，化隆县的丹斗寺、上哇寺、尕洞寺、工什加寺以及后来的石大仓寺等

⑪ 街子清真大寺 明洪武三年（1370年）— 是仅次于省会西宁东关大寺的全省第二大的清真大寺，也是撒拉族的祖寺，以历史悠久、文化古老、建筑宏伟而闻名

⑫ 十世班禅故居 — 十世班禅额尔德尼·确吉坚赞于1938年农历正月初三诞生于此

瞿昙寺
——明朝皇家寺院

皇家寺院

瞿昙寺初建于明洪武年间，后历经明代多位帝王的不断扩建，是中国西北地区保存最完整的一组明代建筑群。整座寺院仿照北京故宫的建筑格局，在青海佛教寺院中独树一帜。

寺院依山而建，地势前低后高，占地 1.4 公顷。总体布局分为外院、前院和后院。外院平面方整，周围绕以寺墙，山门建于中轴线前端，门前竖旗杆一对，院内东西各建碑亭一座，遥相峙立，与藏传佛教寺院以大经堂为主建造佛殿楼宇的方法截然不同，是典型的汉式宫殿建筑。前院为金刚殿、瞿昙寺殿和宝光殿，左右绕以回廊 52 间，复于各殿左右配置小佛堂和宝塔，古雅朴素，舒展飘逸，建筑布置比较密集。宝光殿以北为后院，地势隆起，高出前院地平面 4 米有余；东西一道垒花栏砖墙，另成一区；正中为隆国殿，巍峨壮丽，冠于全寺，左右建钟楼、鼓楼，遥相辉映，周围则用回廊围绕成一组不可分割的整体，是全寺建筑中最高大、最壮丽的一座建筑，气势宏阔，透露出故宫般的皇家气派。

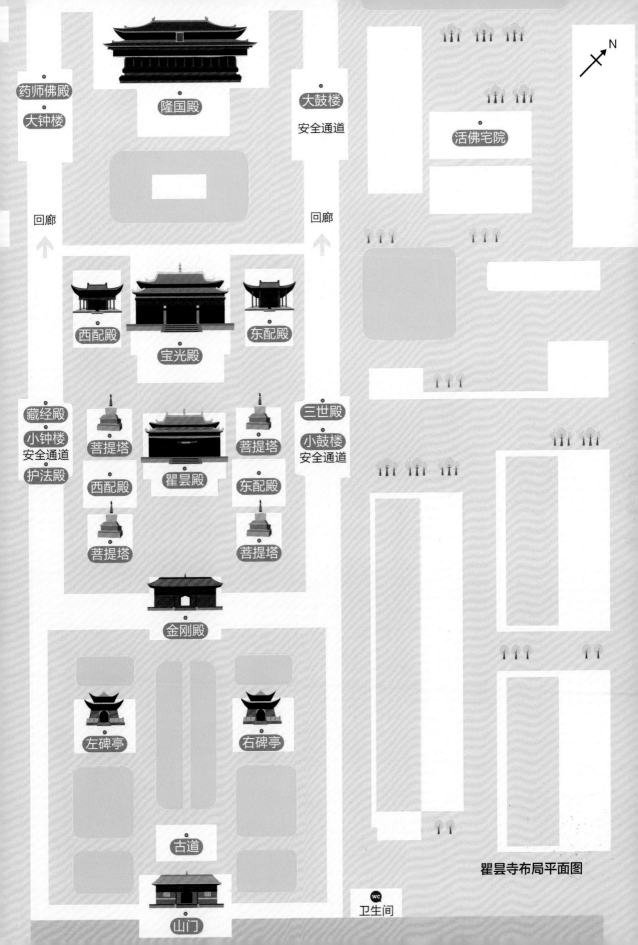

药师佛殿
大钟楼

隆国殿

大鼓楼
安全通道

活佛宅院

回廊

回廊

西配殿

宝光殿

东配殿

藏经殿
小钟楼
安全通道
护法殿

菩提塔

菩提塔

三世殿
小鼓楼
安全通道

西配殿

瞿昙殿

东配殿

菩提塔

菩提塔

金刚殿

左碑亭

右碑亭

古道

瞿昙寺布局平面图

卫生间

山门

瞿昙寺御碑亭

艺术殿堂

瞿昙寺对于现代人的意义，不仅在于它是个可供休养的幽静之所，还在于它是一个连通着古代艺术与现代艺术的殿堂。

要细细地品味瞿昙寺，才能品出一种人文环境，一种历史的浑厚，一种大西北旷野里的幽静与深沉。在粉墙黛瓦之下，在雕花彩绘之中，

无处不闪耀着明清建筑、雕刻、绘画艺术的光泽。

踏进山门，迎面看到的是明清两代的建筑和绘画。檐砖砌栏墙边，浮雕草纹，青色条砖垒砌成的山花，荷叶净瓶浮雕的莲瓣和海棠池子等石雕，线条简洁，朴素无华。而隆国殿里的象背云鼓是瞿昙寺石雕的大气象。众所周知，石雕艺术讲究造型逼真，而瞿昙寺的许多浮雕和隆国

瞿昙寺外院

瞿昙寺的弥勒菩萨像

殿里的象背云鼓，却属于更高层次的审美，其形态给人留下了更为充分的想象空间。那嶙峋的棱角、奇巧的造型、饱满的神态，已经成为一种人格化了的象征，一种虔诚的向往。

木雕艺术是瞿昙寺雕刻艺术中的精华。仰视隆国殿，四抹隔扇上雕刻的六雪花纹，玲珑奇巧，十分精致；裙板部分更是婉转丰满，朴素大方。东西两梢间装有二抹栏杆窗，隔心菱花式样，与隔扇完全相同，与北京明长陵祾恩殿的外檐装饰，在形制和比例上如出一辙，雕刻工艺却比长陵大殿装饰更加精致，可以与北京智化寺如来殿的隔扇相媲美，是明代木刻艺术中的杰作。

如果说雕刻艺术是瞿昙寺建筑美的符号，那么绘画艺术则是瞿昙寺建筑活的灵魂。历史的步履行进到了明代，尤其是行进到了河湟地区，变得细腻和精致起来，不仅有了传世的典籍，而且有了优美的历史风情和传奇故事。瞿昙寺壁画的审美价值和艺术情趣就在于此。

南起金刚殿，北至隆国殿，中轴线两侧的78间回廊的墙壁上布满了壁画，现存壁画总面积400多平方米，题材内容多为佛传故事，如《叨利天众迎佛升天宫图》《龙王迎佛入龙宫图》等，不胜枚举。这些佛传故事，不仅寄托着人与神的和谐，而且寄托着人与世间万物的和谐，体现了人们的美好愿望。

瞿昙寺壁画中还有不少世俗装饰画，其中有些楼阁建筑、山石云树、几案陈设、人物、车马、仪仗等描绘得更是细腻精致，称得上是壁画艺术中的精品。楼阁宽阔，山石奇特，云树神秘，人物逼真，手段高超。

历史的残垣断壁静静地消失在夕阳中，瞿昙寺壁画的艺术之花却依然灿烂地开放着，那栩栩如生的山石云树，像敦煌的飞天，年年岁岁，飞舞在河湟大地上。

瞿昙寺气势宏阔，透露出故宫般的皇家气派

瞿昙寺门廊上的雕刻式样

玲珑奇巧的木雕

壁画

佑宁寺
——湟北诸寺之母

　　佑宁寺，藏语称"郭隆弥勒洲"，简称郭隆寺，位于互助县威远镇东南 35 千米处，其前身是元朝时期的一座萨迦派寺院。据说当时有喇嘛数千，寺院建筑宏伟壮丽，装饰精美，香火鼎盛，寺外有护寺城墙，高大坚固，颇有声望，使得当时许多本教寺院纷纷改为萨迦派寺院。

　　后来，萨迦派寺院开始分化，噶当派取而代之，再后来噶当派也开始衰落。释迦也失途经青海时，在湟水流域传法建寺，格鲁派黄教开始进入此处。四世达赖、四世班禅曾令嘉色活佛前往安多地区建寺，经过多处巡察，最后决定在现郭隆寺的寺址上修建寺院。明万历三十二年（1604 年）三月，格鲁派黄教寺院郭隆寺开始修建。

　　建成之后，郭隆寺受到漠西蒙古和硕特部首领顾实汗的支持，不断扩建。到清康熙年间，佑宁寺有大小经堂、僧舍、昂欠等 2000 多个院落，僧侣达 7000 多人，设有显宗、密宗、时轮、医明 4 个学院，有章嘉、土观、松布、却藏、王嘉、达玛等大小 20 多位活佛，占地面积约 13.33 公顷，属寺众多，被誉为"湟北诸寺之母"。雍正二年（1724 年），

佑宁寺宏伟壮丽，装饰精美

宏伟壮丽的佑宁寺

因罗卜藏丹津事件，郭隆寺被清兵焚毁。雍正十年（1732年），敕令重修，并赐额"佑宁寺"。后又几经毁坏，到1980年重新开放。

佑宁寺群山环绕，环境清幽。寺前小溪与山谷交汇，呈"二龙戏珠"之势。寺西佛塔高耸，周边农田匍匐。沿寺后小路上行，可通向建在山腰的各个殿堂。这些殿旁的绝壁上，刻有风马图和六字真言。山体西侧悬崖上，倒生一株古柏，已有千年树龄，现在依旧郁郁葱葱。山上还有许多高僧大德闭关修行的圣迹。寺院大经堂前也有两棵古树，一棵柏树、一棵白旃檀树，据说为明末创建郭隆寺时栽植，已经400多年，竟躲

过了三次大劫难。

　　佑宁寺建筑风格融土、藏、蒙古、汉等建筑艺术为一体，但整体建筑形式依旧与其他藏族聚居区寺院一样，依山就势、错落有致、红墙黄瓦、金顶绿树，建筑格局采用由下而上的空间组合，不讲究中轴线横向对称。主要建筑大经堂为宫殿式建筑，歇山屋顶，金顶上设有法轮和祥鹿，据说它们是释迦牟尼成佛之后前来听经的第一批信众，也是佛法从此传遍四方的标志。另外，殿堂里的雕塑、绘画、堆绣等文物具有珍贵的艺术价值。

金顶上的法轮和祥鹿

夏琼寺
——宗喀巴的发祥地

　　夏琼寺，位于青海省化隆县查甫乡，距省会西宁95千米，是化隆县风景区中著名的宗教文化游览胜地，也是青海最古老的藏佛寺之一，属于省级文物保护单位。该寺地势险峻、幽雅殊胜。夏琼寺全称为"夏琼德庆云丹旦杰林"（又译为夏群寺、妙翅崖寺、法净寺），藏语中的意义为"大鹏"，乃附会山形之势以命名。其山在化隆县查甫乡南尽头，势如展翅欲飞之大鹏，有文赞曰："青龙游于前，黄龟伏于后，灰虎卧于左，红鸟翔于右。"东、西、北三面峰峦叠嶂，南面如斧劈刀削，陡峭万仞，险绝异常，从南向北远望，夏琼寺恰位于"大鹏"右肩。

　　夏琼寺总面积为27万平方米，始建于元至正九年（1349年），因藏传佛教格鲁派创始人宗喀巴大师在此剃度出家而闻名于世，其创建者为宗喀巴大师的启蒙老师曲结顿珠仁钦（1309—1385年）。三世、七世达赖捐金数千两，修饰了该寺殿堂，使之更加金碧辉煌，光彩四溢。该寺第一批经师先后充当了七世、八世达赖，九世班禅和三世章嘉活佛的经师。

寺院初建时属于噶丹派，后改宗格鲁派，逐渐发展为格鲁派在甘青地区的大寺，除了宗喀巴大师之外，还曾涌现出阿旺年扎、阿旺曲丹、阿旺曲扎、京巴嘉措等佛法深湛的高僧大德，被后人誉为"黄教的发祥地"和"安多地区诸喇嘛寺之祖寺"，一度成为当地的文化中心，对甘肃、青海乃至蒙古诸部影响较大。在鼎盛时期，夏琼寺拥有大小建筑群27处，僧舍2260余间，僧侣3000人，属寺25座，对藏传佛教在当

夏琼寺是宗教文化游览胜地

汉、藏艺术相结合的古建筑群

寺内制作坛城的阿卡

地的传播和发展作出了重要的贡献。寺内还藏有释迦牟尼佛像、金刚不畏塑像、密集铜像、卓尼版《大藏经》、《宗喀巴全集》等珍贵文物。夏琼寺是藏传佛教的主要寺院之一，受到广大信徒的普遍信仰和中央王朝的重视。清乾隆二十五年（1760 年），乾隆皇帝赐名"法净寺"，并敕赐汉、藏、蒙古、满四种文匾一幅，上题金字"大乘兴盛地"。

夏琼寺的建筑风格，与其他西藏佛教寺院相去不远，自创建以来，先后修建了妙音菩萨殿、弥勒殿、金顶殿、阿底峡殿、金刚佛殿、支扎佛殿、煨桑殿、地藏菩萨殿、监河弥勒殿、山佛殿和护法神殿 11 个殿堂，还开设了因时学院、密宗学院、时轮学院、医明学院等。大经堂气势宏伟，三道十分壮观的双扇大门，令人由然生出神圣之感，构成了一处汉、藏艺术风格相结合的古建筑群，整体建筑庄严大方，雄伟壮观，布局井然，气势磅礴。

佛教壁画也是夏琼寺的一大特色，除了一般的佛像、菩萨、护法、佛本生、六道轮回之外，还绘有历史故事、宗教人物、建筑装饰等方面的内容，处处体现着绘画者奇特的想象力和丰富的艺术创造力，将复杂的佛经内容，以绘画形式的形式直观巧妙地展现出来。

夏琼寺历史悠久，收藏的经卷文献汗牛充栋，佛教建筑流光溢彩，壁画惟妙惟肖，是藏族人民智慧的结晶，是佛学和宗教史研究的重镇，也成为海内外佛教徒瞻仰朝圣的圣地和游客观光游览的胜地。

丹斗寺
——"后弘期"佛教的发祥地

　　丹斗寺位于青海省化隆县巴燕镇东南 31.5 千米处，北距金源乡 18 千米，周围悬崖陡立，石壁高耸。佛殿或建于峭壁之中，或建于悬崖之下，整个建筑巧妙地镶嵌在天然的岩洞中，别具一格。

　　9 世纪中叶，吐蕃赞普达磨禁佛，在曲卧山修行的僧侣藏饶赛、肴格迥、玛释迦牟尼三人，逃到丹斗寺一带避难数年。民间传说，他们跑到这一带，看到前有黄河咆哮奔腾，一泻而过，后有山峦崎岖险峻，树木参天并有野兽出没，认定这天然屏障是避难的好地方，便决定在此"丹斗"（藏语"住下来"之意），寺名由此而来。后来，这三名僧人剃度喇勤·贡巴饶赛（892—975 年）为徒。贡巴饶赛成名后，于丹斗建立道场，招徒弘法，特别向卢梅·崔臣喜饶等卫藏十弟子传戒，使西藏佛教再度复兴。因而，丹斗寺作为"后弘期"佛教的发祥地，在藏传佛教史上占有重要地位，一直是各派信徒向往的圣地，朝圣者络绎不绝，三世达赖等西藏重要人物都曾到过丹斗寺。明清以来，西藏各派到内地朝贡，途经青海，不少人都来此朝拜，有的甚至长住修持。据说明清时期的各地官员前往西藏，也必先朝拜此寺。

丹斗寺最有气派的大殿共有三座。第一座是"龙王殿"，此殿柱、梁上龙飞凤舞，栩栩如生。入正门，四大天王体形魁梧，各持凶器，相貌狰狞，相对而坐，令人望而生畏。再往里走，正殿里三尊佛像又是一副慈祥的面容，刚才的那种恐惧感顿飞九霄。绕过正殿往里，一座只有一人多高的小宝殿，显得小巧玲珑，新颖别致，龙王神就供奉在这里。第二座佛殿就是在传说中叶波国太子须达拿全家住过的地点上建立的，建筑造型美观大方，富有民族特色，布局和谐，结构新颖，四面壁画令人注目。太子塑像手捧佛经，仿佛在默默诵读，超度众生。太子妃则端着盛有野果的盘子，侍奉太子用膳，儿女采着野花戏于两旁，让人们不由自主地联想起他们在流放期间"卧则草蓐，食则果蓏"的艰苦生活。"阿吉达"殿是钟鼓楼式样的建筑物，前边是两重飞檐，后靠陡峭的岩壁，造型独特，别具匠心。登上楼顶，极目俯瞰，其险峻使人头晕目眩。

峭壁之中的丹斗寺佛殿

却藏寺
——西北四大寺院之一

却藏寺始建于清顺治六年（1649 年），其创建者却藏·南杰班觉为却藏寺第一世活佛，是清政府在青海宗教界最早敕封的呼图克图之一。1649 年，却藏·南杰班觉来到互助南门峡本浪扎西滩，见这里有一座帐房寺院，且所处之地形势绝佳，于是改帐房寺为土房寺，取名"却藏具喜不变洲"。寺庙依山而建，东西各有一山环抱，左山似凤凰展翅，右山如盘龙绕卧。栽植大片云杉和柏树，经冬不凋。寺前是本浪扎西滩的千亩良田，其间有大片湿地。若是夏秋时节，草长花开，鸟在山间啁啾，风自水面拂来，游人结伴徜徉林间水畔，嬉戏流连。滩地之南，又有青狮白象两座神山，如同屏障，护佑着却藏寺。清雍正元年（1723 年）

却藏寺全景

却藏寺依山而建，形势绝佳

因罗卜藏丹津事件被毁，后重建。乾隆三十年（1765年），清廷赐名"广教寺"，许建九龙壁，后再赐"祥轮永护"匾额。却藏寺兴盛之时，曾有众多殿宇、经堂、佛塔、僧舍，尤以千佛殿、九龙壁、却藏囊和章嘉囊出名，是藏传佛教格鲁派西北四大寺院之一。

却藏寺曾有九龙壁一座，与山西大同、故宫和北海的九龙壁一样，由皇帝敕建，全国佛寺仅此一家。可惜，九龙壁在"文革"期间遭毁坏，

却藏寺千佛殿

现仅存旧址。

却藏寺另一辉煌之处是千佛殿，该殿由道光皇帝下旨修建，并施与建寺资金。因殿内塑有 1005 座铜制镀金佛像，故而得名千佛殿。这是一座融汉藏建筑风格为一体的大殿，汉式歇山屋顶，外层全由镏金铜瓦铺筑，屋脊装饰有 6 条镀金大小金龙，殿顶的金制宝瓶据说曾用黄金 3000 余两。殿内供奉的镀金释迦牟尼佛像高达 8 尺，头冠用 300 多两黄金和珠宝制成，胸部护心镜镶有 7 颗珍珠。

却藏寺也是一块风水宝地，高僧大德频出，曾有 94 位活佛在此地诞生，是章嘉国师在青海弘法参政的主要寺院之一。

七世章嘉国师是中国藏传佛教四大名僧之一，是宗喀巴大师的教法传承人。他于 1891 年出生于却藏滩，8 岁进京后常驻北京。章嘉国师"素具国家至上，民族至上之信念"。1914 年，哲布尊丹巴通知美、英、德等国驻华公使，说蒙古要"独立"，自称"大蒙古帝国日光皇帝"，消息传到北京，章嘉国师立即致电哲布尊丹巴，严词劝阻，使其放弃独立，维护了祖国的统一和各民族的团结。九一八事变之后，日本企图进一步吞并内蒙古，一些贵族及官员与日寇勾结，策划"蒙古自治"，章嘉国师多次规劝各盟旗王公贵族以大局为重，团结一致，共同抗战，还曾在"国难会议"上用蒙古语发表演说，陈述精诚团结、报国为民的道理。抗战胜利后，国民政府晋封章嘉国师为"护国净觉辅教大师"，颁给金印和金册。称赞章嘉国师"站在佛教立场，翊赞抗建大计，号召蒙藏同胞，贡献良多"。2015 年 7 月 18 日，却藏寺举行了七世章嘉国师金身安座开光法典，喜迎章嘉国师金身回到故乡。

夏宗寺
——藏传佛教名刹

　　夏宗寺位于海东市平安区西南部脑山地区的峡群森林公园内，寺内的佛宇殿堂均依崖而建，整个建筑高低错落，多层楼台亭阁悬空而立，气势非凡，颇为壮观，因此，夏宗寺被誉为"长在山尖儿上的寺庙"。

　　夏宗，译为"鹿寨"。这里是安多地区藏传佛教僧人修行的著名静地。历史上许多高僧如宗喀巴的启蒙老师、化隆夏琼寺的创建者曲结顿珠仁钦，塔尔寺的首任法台鄂色嘉措等，都曾先后在此修行。

　　夏宗寺始建于元末，后经不断扩建，成为颇具规模的格鲁派寺院，鼎盛时有300余僧众、400多间殿堂和僧舍。元至正二十年（1360年），西藏著名僧人噶玛噶举派四世活佛若贝多杰奉召赴大都，途经平安时，在此驻足。当时年仅3岁的宗喀巴被其父领到夏宗寺受戒。这些具有特殊意义的历史事件以及其在藏传佛教史上的特殊地位，不仅使夏宗寺在青海内外享有盛名，也使它成为藏传佛教名刹。历史上，夏宗与海南藏族自治州兴海县的智嘎尔贝宗、黄南藏族自治州尖扎县的阿琼南宗，以及乐都区的普兰央宗并称为"安多四宗"。

夏宗寺是藏传佛教僧人修行的静地

白马寺
——湟水北岸的"悬空寺"

　　白马寺的建立，与吐蕃赞普达磨禁佛有关，其历史可追溯到 10 世纪我国藏传佛教再度兴起的"后弘期"，距今已有 1000 多年的历史。

　　白马寺建在互助县红崖子沟乡沟口大钟山的山腰。这是一处雅丹地貌的山崖，呈 90 度峭立，没有任何植被。从远处看去，孤峰危立，摇摇欲坠。寺庙依山而建，凿孔架梁，悬空而起，殿堂之间，由木头楼梯和石阶连接。殿堂共分三层，最上层为佛堂，供奉喇钦·贡巴饶塞的塑像；中为经堂，供奉观音菩萨佛像，墙壁绘有白马奔驰图；下为僧舍。山门有一座花岗岩雕的金刚佛，其造型独特，右掌向外推出一米，象征推开一切厄运、复兴藏传佛教的意志。佛像背后有一石窟，窟内有 8 平方米左右的宋代壁画，画面依稀可辨。寺前平地有白塔一座。

　　三世土观呼图克图曾如此赞颂白马寺："是否顶礼圣教之种子？育成翻身如意树者，大恩大德贡巴饶赛尊。玛藏寺中所留之遗体，慈祥圣容逐日有变化。所披袈裟时时有肤脂，胸留体温戒律香四溢，稀奇特征是否拜见过？"

建在红崖子沟沟口东侧半崖上的白马寺

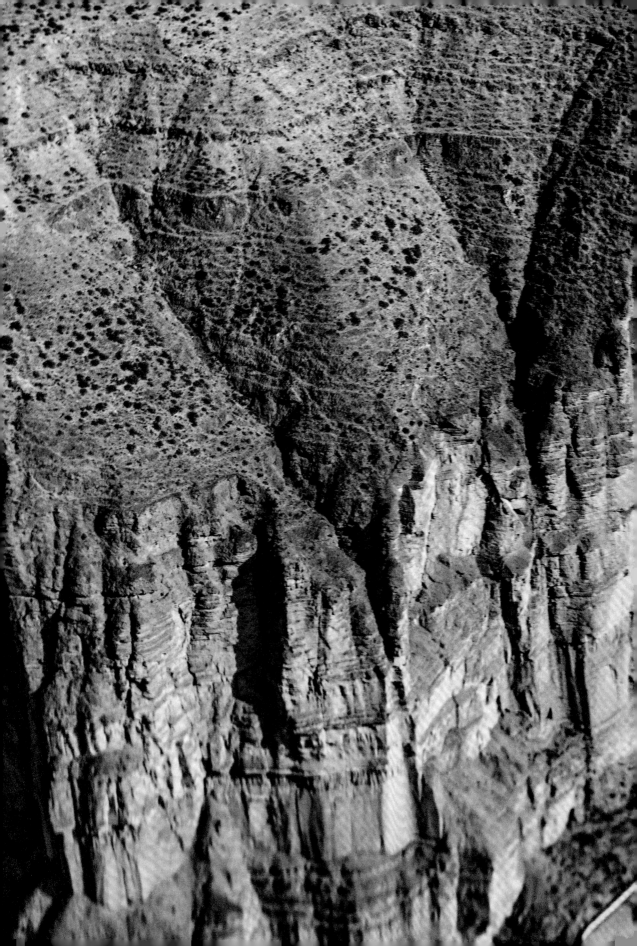

俯瞰白马寺

十世班禅故居与文都大寺

　　十世班禅额尔德尼·确吉坚赞祖籍西藏萨迦。元初，萨迦人阿什旦（后来文都千户之第一代）率族迁来循化地区，明代起为世袭百户，清末升为千户，管辖"文都七族"。十世班禅于 1938 年农历正月初三诞生于此地。

　　十世班禅故居位于海东市循化县白庄镇麻日村。故居共分三院，东院为停车场、杂物房、仓库等；西院为班禅大师旧居，老厨房靠柱子系有哈达的地方是班禅大师诞生之处；东院为两层的藏式楼房，楼北正中为大师诵经的佛堂，其内有班禅大师的佛像，其左侧为大师的卧室和会客房，整个建筑错落有致，层次分明，极具藏族风情。十世班禅故居现已成为旅游观光者和佛教徒的朝拜之地。

　　文都大寺，藏语称"文都贡钦扎西曲科尔朗"，意为"文都大寺吉祥法轮洲"，位于循化县文都乡拉代村之北侧山坳。文都寺是十世班禅额尔德尼·确吉坚赞大师幼年学经的地方，也是他回乡进行宗教活动的主要场所。

班禅大师故居

班禅大师故居

　　文都大寺是循化地区最大的寺院，寺庙坐西向东，依山而建，山上农田连片，南为拉代村，东面照山为自然林区，一片苍翠。文都大寺的主要建筑有大经堂、三世佛殿等10座殿堂，共计房342间。在文都大

寺各大建筑中,最为宏伟者要数十世班禅灵塔殿,该殿于1989年6月动工兴建,至1991年10月完工,仿照西藏扎什伦布寺班禅东陵扎什南捷大殿的形式,位于大经堂右侧,占地总面积1363平方米。

文都大寺全景

洪水泉清真寺

洪水泉清真寺，位于平安区洪水泉乡洪水泉村，建于 1404 年，后经五次扩建，形成现在的规模。

整个寺院建筑由照壁、山门、唤醒楼、礼拜殿及学房等建筑组成。寺院所有建筑均按照中国古典汉式殿宇形制融合藏饰形制而建，建筑风格上大量融合了汉、回、藏等多个民族的建筑风格及特点。在装饰上，吸取并糅合了佛教、道教等多元文化，形成了各民族间文化相互渗透、相互借鉴、共同进取的特色。在民族民俗吉祥图案中，也独具匠心，均以象形、会意、谐音、寓意等形式，构成其独特的艺术语言。

洪水泉清真寺作为砖木结构建筑，以淡黄色木料配淡青色砖雕，可谓层次分明，此外其精工细刻，尤其是精湛的砖雕与木雕工艺，堪称一绝。寺前有一个布满精美砖雕图案的照壁，所有图案无一雷同。寺门朝南开，其精巧之处是寺门没有大梁，采用斗拱式建筑，寺门顶棚全由短横木交错摞架，其建筑工艺复杂奇巧，鬼斧神工，俗称"二鬼挑担"。山门房脊顶上用砖、花脊嵌有"凤尾挑梁"和"龙凤呈祥"雕刻图案。

洪水泉清真寺寺门

山门两侧的八扇屏上，分别镶嵌着刻有"老鼠偷葡萄"和"麒麟伴苍松"等图案的砖雕，喻意多子多孙、麒麟送子等。

唤醒楼是寺内最高的建筑，其飞檐转角错落有致，精美的砖雕木雕工艺令人叹为观止。楼高20米，为三重檐六角攒尖顶楼阁式建筑，底部为砖木结构，二、三层为木质结构，全塔由两根直通顶层的巨柱支撑，人称"通天柱"。

礼拜殿为寺院的主要建筑。殿内用雕有图案的大梁和木墩架成"人"字形顶棚，其建筑工艺称为"三角踏空"。殿顶中间用木条嵌成一个八

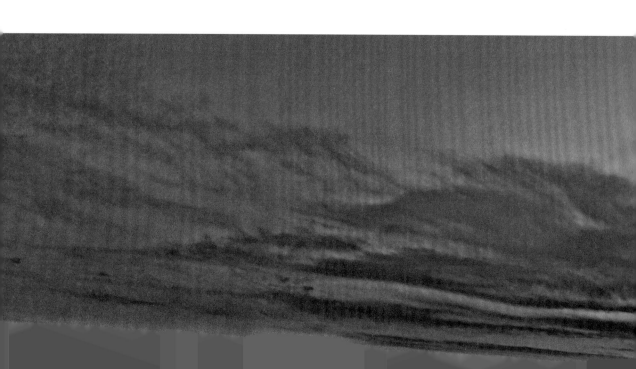

角天花藻井，其形状犹如一把张开的巨伞，造型极为优美，人称"天落伞"。大殿门窗隔扇的装修十分考究，门扇隔心上雕刻的全是由蝙蝠组成的图案，有"万福"的寓意。裙板上木雕图案为"五福捧寿"等，隔扇绦环板上分别刻有佛教"吉祥八宝"和道教用具的"暗八仙"等图案。大殿前卷棚左右筒子墙分别有四幅砖雕条屏，非常精致。大殿屋脊为镂空琉璃砖花脊。这座距今已有700多年历史的文化遗存，是青海省目前保存最好、最完整的古代清真寺建筑之一，以其独特的风格和精湛的雕刻工艺及建筑艺术而闻名遐迩，被誉为"青海清真寺建筑史上一绝"。

飞檐转角错落有致

街子清真大寺

　　街子清真大寺位于海东市循化撒拉族自治县街子镇，是仅次于省会西宁东关大寺的青海省第二大清真大寺，也是撒拉族的祖寺。

　　800年前，撒拉族先祖尕勒莽、阿合莽带领族众，在驻地修建了一座简陋的清真寺，称"尕勒麦西提"（撒拉语为黑色寺），为循化历史上的第一座清真寺。到明朝洪武年间，因撒拉族人口增多，原寺不能适应开展宗教活动之需，又在三兰巴亥村修建了一座较大的清真寺，即街子清真大寺。寺址设在骆驼泉边，位于全坊六门八户（街子乡的旧总称）的中心偏西处。撒拉族祖先尕勒莽、阿合莽去世后，为纪念他们的伟大功绩，后人在街子清真寺前、骆驼泉西北角修建了他俩的陵墓（穆斯林称之为"拱北"）。"拱北"与街子清真大寺、骆驼泉浑然一体，成为青海重要的名胜古迹。

　　街子清真大寺历经三次大规模扩建，后在"文革"中被拆毁。1982年政府拨款，群众集资，仿照新疆喀什清真寺式样重建。新建的寺庙为砖混结构，占地面积4050平方米，寺基走廊2394平方米；大殿呈正方形，殿内四根大柱支撑着 49 间殿顶；大殿四角是距地面 23 米高的唤礼塔，屋顶中间的大圆宝塔具有鲜明的阿拉伯风格。

　　街子清真大寺珍藏着撒拉族先民 800 年前东迁时带来的一部手抄本《古兰经》。据专家考证，这部《古兰经》抄录于 8 世纪，距今已有 1300 多年历史，据说是目前为止世界上仅存的三部手抄本《古兰经》之一，另两部分别珍藏在大马士革博物馆和大英博物馆。

　　近年来，街子清真大寺促进民族团结和"团结开寺"经验得到上级部门的充分肯定，先后有土库曼斯坦驻华大使、国家宗教事务局领导、宁夏回族自治区宗教界人士及省市领导，前来街子清真大寺进行参观交流和检查指导。街子清真大寺历经风雨，始终引领信众遵守教义，爱国爱教，为构建多民族和谐聚居地起到了重要作用，它更是循化地区撒拉族人世世代代的精神家园，是撒拉族人魂牵梦绕的心灵原乡。

街子清真大寺与骆驼泉

自然生态

互助北山国家森林地质公园

孟达国家级自然保护区

冰岭山药水泉

仓家峡

水利景观

绿屏障、绿河谷、绿城区

互助北山国家森林
地质公园

　　海东市互助北山国家森林地质公园，地处甘青两省交界处，距互助县城威远镇78千米，距青海省省会西宁市110千米，距甘肃省省会兰州市220千米，总面积1126.67平方千米。公园融山水美学、自然科学、历史文化为一体，兼有观光旅游、休闲度假、科学考察、科普教育、文化追踪等功能，被誉为"高原翡翠""植物王国""天然动物园""立体资源宝库"。

　　公园森林覆盖率为77.51%，森林总蓄积量为548万立方米，是青海省境内保存最完好的天然森林资源之一。公园内古木参天，层峦叠嶂，山清水秀，风光旖旎，植物资源十分丰富。园内植物物种多达998种，主要有云杉、油松、圆柏、桦树、白杨等乔木，有沙棘、沙柳、杜鹃等灌木，还有冬虫夏草、党参、贝母、雪莲、赤芍、大黄、羌活等数十种野生名贵药材。这里也是野生动物的乐园，生活着鹿、熊、雪豹、藏雪鸡等野生动物190余种，其中包括雪豹、马麝、马鹿、棕熊、金雕等列入国家一、二级保护的野生动物。

互助北山国家森林地质公园被誉为"植物王国"

北山秋色

公园包括元甫达坂、卡索峡、浪士当、扎龙沟、下河五大景区。雪山、奇峰、峡谷、石林和悬崖峭壁，构成了复杂多姿的地貌景观；蓝天、白云、青山、绿水、碧树、鲜花交相映衬，构成了一幅幅美丽迷人的山水画。

景区中分布着岩溶地质、丹霞地质、冰川地质等多种地质遗迹，具有极高的观赏价值和科研价值。岩溶地质遗迹分布于扎龙沟、浪士当沟、甘冲沟上游地带；丹霞地质遗迹的地质景观似兽似禽，宛如雕

塑大师的艺术杰作，却无一不是出自大自然的鬼斧神工，最为著名的有金鸡报晓、擎天一柱、妖魔洞、古战舰、夫妻峰等。

公园内沟谷纵横，水系发达，区内最大河流大通河贯穿其中，流水时急时缓，河道时宽时窄，形成"曲曲峰峰回转，山山水水抱流"的奇特景观，造就了闻名遐迩的"小三峡"（卡索峡、青岗峡、下河峡）。

扎龙沟神女峰下，有一帘泉水汇集而成的瀑布，绿毯般的山坡上，泉水飞流而下，迸珠溅玉，景象甚为壮观。这就是药水泉瀑布，瀑布由

互助北山国家森林地质公园内的德仙湖

108 眼喷涌而出的泉水汇集而成，据说能医治 108 种疾病。泉水中含有钠、镁、钙、铁、镁、锰等微量元素，溶有丰富的二氧化碳。常喝此水可治疗胃肠道疾病，常以此水洗浴对各类关节炎、皮肤病等有预防和治疗作用；若配以中草药医治，疗效更佳。

公园的每一个景区都是山碧林幽、苍松叠翠、杜鹃烂漫、溪水潺潺，是寻幽探奇的好去处。踏步穿行于山林间，沿途偶遇寒潭碧水，或是曲径通幽，看到惟妙惟肖的熊抱山，庄严肃穆的母子拜佛，妙景天成的采药老人，栩栩如生的卧牛石，大自然的鬼斧神工定教你心旷神怡，浮想联翩。

扎龙沟冬景

飞流而下的药水泉瀑布

迷人的山水画

孟达国家级自然保护区

孟达国家级自然保护区，位于海东市循化县清水乡孟达山区，地处西倾山东端，积石峡南岸。该山地属当蕊山－五台山区，恰好是青藏高原东北边缘与黄土高原的过渡地带，山势基本呈南北走向，总面积17290公顷，海拔1780~3356米，是一个山高谷深、树大林密、植物繁多、风景优美的原始自然林区，素有"高原西双版纳"的美誉，分布着高等植物90科296属517种，药用植物77科326种，兽类3目5科7种，鸟类8目19科68种。

这里林幽、石静、水秀，有天池秀色，奇花异草，珍禽异兽，瀑布垂挂，怪石嶙峋，万亩杜鹃林、竹子坪、千顷华山松、台湾桧，构成一幅幅雄奇秀丽的高原画卷，是远近闻名的旅游观光胜地。

小巧玲珑的孟达天池，和吉林长白山天池、新疆天山天池并称"中国三大天池"。与长白山天池和天山天池的濯濯童山不同，孟达天池四周森林茂密，且池水为墨绿色而非蓝色，颜色几乎和四周森林的颜色相同。山有了水，如同人有了双大眼睛，增加了许多灵性。驻足观望，天池像一颗璀璨的明珠，千山环抱，万松簇拥；清澈碧澄，与天一色；群峰倒影，随波微动；鱼游浅底，鸟翔水面；人在画中，画在湖中；美不胜数，心旷神怡，令人惊叹于大自然的神奇造化。

"华山松谷"是游客从木厂沟山脚下进入林区的小路，也是通往天池的幽幽小径，这里溪流清清，缘路绕行；青松白桦，千枝如鲲鹏展翅，盘根如龙抓石；山涧巨石，像群象争饮。尤其是冬天，银装素裹，冰凌琼花，别有一派北国林海风光。

从华山松谷向右行 300 米就到了"回音壁"，这是由花岗岩组成的峭壁，长百米，高 10 余米，有反射声音的效果，峭壁上长有华山松

孟达天池旅游线路图

和珍珠梅等植被。

"犀牛望月"独蹲于岩石之上，形状酷似一头犀牛，昂首仰望天空。

"西山卧虎"长约5米、高约3米，耸立于峭壁千仞的西山峰顶，前身微起，昂首西望。当夕阳欲坠，群山合黛时，晚霞映照下的卧虎雄浑而悲壮，其姿态令人叹为观止。另有一青石，形如怀抱幼子坐在巨石

上的母猴，形象逼真生动。

　　"神仙洞"位于孟达天池大坝西沟内的峭壁上。唐会昌二年（842年），吐蕃赞普达磨禁佛，西藏僧人拉隆华多在拉萨大昭寺前射杀暴君达磨后，为避祸辗转逃至此处，并在此洞居住修行，使该洞成为藏传佛教圣迹之一。洞旁有一石块，据传是拉隆华多升天的地方。

孟达天池清澈碧澄，与天一色

天池秀色

冰岭山药水泉

　　冰岭山药水泉位于海东市平安区平安镇西南约 10 千米处的汉藏聚居的冰岭山村。在当地的神话传说中，很久以前冰岭山一带瘟疫肆虐，居民疾病缠身，苦不堪言。宗喀巴大师到来后，心有不忍，便把手中的佛珠撒在这片台子上，佛珠最终幻化成 108 个泉眼，每一个泉眼奔涌出的泉水可以治一种疾病。横行一时的病魔终于被制服，从此十传百，百传千，冰岭山药水泉也逐渐声名远播。

　　虽然这是神话，但如今走在这个药水台上，仍会惊叹于大自然的神奇杰作。站在台上一眼望去，30 多个泉眼一览无余。泉水有的自行其道，有的汇流同行，弯弯曲曲的水道网，自成一道别样的景观。虽然有的泉眼距离很近，但每一个泉眼里水的温度和味道都不一样，不禁让人称奇。一年四季，四邻八乡的乡亲，以及从千里之外赶来的草原牧区等地的客人，都带着盛水工具来到这里取水治病。有的人远道而来，干脆就住在村民提供的住房里，按时饮服药水，直到病情缓解才离开。到了冬季，泉水冻成一层又一层的冰，整个药水台就成为名副其实的冰岭。冰面上会有一层白白的粉末，当地人称为药粉，据说可以直接冲服，效果跟药水差不多。还有一个非常有趣的现象，来这里的人们喝了"药水"后，还会用木棍等工具，疏通坡上细细的水道，使之更加通畅。理由很简单：蜿蜒的水道类似人体内的肠胃，水道疏通了，人体也就会上下通气不生病了。

关于药水泉，清代乾隆年间杨应琚所著的《西宁府新志》卷四也有较详细的记载："圣水泉，在县（指西宁县）东南六十里'寄彦才沟'（指三合沟，又称祁家川），又名药水泉。出高皋上，大小泉三，水具（俱）北流。中又有泉四，水西流。南有泉四，水西南隅流。诸泉之水，居民饮之，云能医治杂证（症）。其水不流入大河，有流四五步或七八步，即结羊脑石。其石无味，为末服之，亦可治积聚，故谚谓之'冷淋山'。"久而久之，人们又称其为"冷岭山"。

药水泉泉眼

取药治病的人在疏通水道

仓家峡

仓家峡隶属于青海省海东市乐都区寿乐镇，距离海东市区约 20 千米。这里属祁连山南麓，海拔 2400~3200 米，年均温度 5.9℃，年均降水量 269.4 毫米。

峡内沟深谷长，狰狞万状，山谷流水，岸堤青青。山坡多青松，坡底多草坪，林翠水秀，如诗如画。清静的溪水和优美的自然林融为一体，形成一处风景。境内野生动物有鹿、麝、岩羊、白唇鹿、山鸡、雪鸡等。野生药用植物有党参、贝母、茯苓、黄芪、冬虫夏草等。

仓家峡之美，在山，在水。

山是翠绿的，一层一层往高处延伸，以至于贴着云彩，让你觉得连太阳也是嫩绿的。两山之间夹着一条细水，一动两静，刚柔相间。远看，那水似乎是拥在两山怀中。如果是深秋，那山就多了情致，谷底还在奋力挣扎着最后的翠绿，山间艳红的果实却已向远处的雪峰送去了羞红，山坡上绿红相间的水彩画刚刚完成，山顶金黄色的世界已高擎着天空。而水流却缓缓慢慢，静得似乎只有微风掠水的息息声，柔得只有感觉，没有声音，如秋月恋叶，似晨露吻花。山又是绵长的，近看是苍的，远看是翠的，再往远处看是绿的，上弥浩天，下漫茫地，苍苍茫茫，溟溟漠漠，浩浩漫漫，让你觉得山外无山，天外无天。夏日，满山翠绿，青青草坪，马莲花眨着星星点点的幽蓝，蘑菇状的凉伞是唯一的人工景观，三人一群，五人一团，或把酒豪歌，或载歌载舞，席地而坐，舒适随意，微风过处，野生花草，美味佳酿，芬芳扑鼻。秋寒，山风啸啸，间或有松涛阵阵，溪水却异常平静。此时此地，无论有多少忧愁，都会让人心

仓家峡金黄色的自然林

旷神怡。山是幽静的、典雅的，水是柔的、纯的，除了叽叽喳喳的云雀，再也听不到一点声音。

　　小步徐行，上得山来，不见流水，但听幽深的翠绿中汩汩潺潺。走几步，听到一种声音，再走几步，听到另一种声音。小憩于山腰，细细听来，方能辨别声音之大小、远近，水流之缓急。叮叮咚咚处，落差必大，不是水击石，就是石击水；汩汩潺潺处，必是一方泉眼，或一处小涧。有心拨开浓浓的绿，探进去，顺着浓荫中的小径前行，又见这儿一

眼、那儿一潭的细流，缓缓慢慢，如线如缕，再往下流，就成了小小的溪流，时而哗哗地流，时而铿铿地响，天籁地鸣，尽情享受。看一会儿水，是墨的，再看一会儿，又是绿的。这水，似乎是为养育整个仓家峡的翠绿而来的；这水，似乎是为洗涤人们的困乏而来的。大自然的生命似乎在这里有了天造地设的和谐。所有的绿都代表着生命，水是绿，绿是水，水有多深，绿就有多厚。

翠绿的仓家峡，如诗如画

水利景观

　　海东市位于黄河、湟水以及大通河的交汇之处，同时，地处青藏高原向黄土高原过渡地带，高山宽谷相间分布。丰富的水力资源和复杂多变的地形特征，造就了海东独有的特色水利景观。这些景观有机地融合了自然、历史、人文等元素，见证了海东水生态文明建设的成果。

三川黄河水利风景区

　　海东市民和县三川黄河水利风景区位于民和县城以南官亭、中川两个乡镇的沿黄区域，为国家水利风景区，属于河湖自然性风景区。2010年12月15日，经水利部批准，规划面积达205平方千米，水域面积约10.67平方千米，是环省会城市西宁旅游圈和甘肃省兰州旅游圈的最佳衔接点。

　　黄河咆哮着冲出积石峡，在中川乡峡口的大湾里汇聚成一片幽蓝色的河面，这是发展水上旅游得天独厚的资源。然后，黄河水入峡口，这段长约5千米的峡谷被誉为"小三峡"，水流湍急，峭壁狭窄，直达甘肃永靖县炳灵寺景区。峡谷顶部山峦有禹王宝座、禹王粮仓、禹王洞、岩画符号等大禹遗迹。在峡口形如铧尖的地方，建有藏传佛寺"铧尖寺"，因而此峡也称"寺沟峡"，现已命名为"禹王峡"，是一处绝佳的风景旅游区。

景区内旅游资源丰富，主要包括大禹治水遗迹、喇家遗址、临津古渡、丹阳古城以及朱家寺、铧尖寺等藏传佛寺，黄河风情、三川杏雨、山城落日等自然景观，纳顿、土族婚礼等民俗文化，积石峡电站、官亭泵站、中川水电站、积石峡灌区、炳灵寺电站库区等水利工程。

三川黄河水利风景区的清晨

南门峡：高峡平湖

南门峡谷自南往北，盘曲蜿蜒，层峦叠嶂，峡内山清水秀，林茂花繁。清代时，这里是朝廷的牧马营，专门为朝廷牧养军马。南门峡历代有"燕麦川""嚷洛塘""却藏滩"等不同的称谓。中华人民共和国成立后，始称南门峡（因峡口向南得名）。

峡口东面的山上有石天门、二郎拴马桩、啸天犬铁索槽、二郎神抵锅石、二郎甲盔等与《西游记》相关联的神话遗址。

南门峡水库于 1985 年建成，蓄水 1800 万立方米。库区周围风景优美，东西两山对峙，绝壁千丈，每到盛夏时，库区内游艇穿梭，水鸟翔集，鱼儿跳跃，前来这里度假游览的游客络绎不绝。

春季，伫立坝上，放眼四望，南门峡的美丽风光尽收眼底。东南为油坊沟，山高坡陡，松林茂密；北为却藏滩（亦称本郎扎西滩），寺院东西有二山环抱，右如盘龙绕卧，左似凤凰展翅，山上松柏苍翠，寺前良田千亩，宽阔平坦，阡陌纵横。夏季，青稞碧绿，油菜金黄。南面，水库坝底，一片树林中，坐落着二三十个红顶、白顶帐篷，宛如绿林中的花朵，那是供游人休息娱乐的农家茶园。北面，却藏寺千佛殿的金顶沐浴着佛光，却藏寺后山上的经幡搭成了天梯，承接着千神万佛的慈悲与芸芸众生的感恩。

水库西面，一片苍翠的松林占据了整个阴坡，其间有几条小山梁凸立起来，山梁上一棵棵白桦、红桦挤走了松树，秋天的桦树叶子在秋风里尽显风流，而松树环绕在四周，倒成了一种"绿叶配红花"的点缀。走进松树林，脚下是松软的苔藓植物和败落的松针，踩上去如踏上爱情的红地毯；极目远眺，秋霜染黄了桦树叶子，一片片秋叶在阳光下跳着谢幕的告别舞蹈。没有青松、白桦的地方则长满了密密麻麻的各种灌木。

南门峡风光

南门峡灌溉了万亩良田

南门峡秋景

公伯峡：西电东送北部通道的第一颗明珠

公伯峡，谐音"拱北"峡，因黄河上游南岸悬崖处建有一座"拱北"（中国伊斯兰教先贤陵墓建筑的阿拉伯语称谓）而得名。这里崇山峻岭，高耸入云，陡壁如削，隐天蔽日，形势十分险要。黄河入峡后，因河道狭窄，河中礁石暗伏，滚滚河水飞湍造漩，咆哮而下，十分险绝，登顶观景，蔚为壮观。

公伯峡全长15千米，峡口宽30多米，为架桥最佳处。峡口南岸有废古城遗址两处，为汉代修建的军事桥头堡，如今这里已成为循化园林之乡和粮食生产基地。

　　镶嵌在峡谷中的公伯峡水电站，位于循化县与化隆县交界的黄河干流上，是黄河上游的大型梯级电站。水电站枢纽建筑物由大坝、引水发电系统、泄水系统三部分组成。水库总库容6.2亿立方米，兼顾灌溉及供水。电站安装5台30万千瓦水轮发电机组，总装机容量为150万千瓦，多年平均发电量51.4亿千瓦时。公伯峡水电站是国家西电东送北部的重要通道，也是中国水电装机总容量达到1亿千瓦时的重要里程碑。

　　公伯峡水库是水上舰艇游乐园，也是高原冷水养殖的重要基地。这里养殖的三文鱼、金鳟鱼、虹鳟鱼，绿色环保品质好，远销北京、上海、广州等地。

公伯峡水库上的船只及山景

绿屏障、绿河谷、绿城区

为加强生态文明建设，加快建设绿色宜居的生态环境，海东市贯彻中央"五大发展理念""四个全面"战略布局和习近平总书记系列重要讲话精神，特别是"四个扎扎实实""青海最大的价值在生态、最大的责任在生态、最大的潜力也在生态"的重大要求以及青海省委实施"三区"战略、"四个转变"新思路，提出了"绿屏障、绿河谷、绿城区"建设目标。海东市在生态建设、资源保护、产业发展、科技推广与林业改革等方面，积极推动绿色、统筹、和谐发展取得了显著成绩。

绿屏障，构筑生态保护伞

紧紧围绕建设生态美丽新海东的目标要求，全力组织实施天然林资源保护、退耕还林、三北防护林、国家重点公益林等林业生态项目工程，实现人工造林 11.27 万公顷，封山育林 4.8 万公顷，中幼林抚育 4.27 万公顷。以改善湟水河流域生态环境、建设生态安全大屏障为目标，在乐都、平安、民和、互助四个县（区）实施海东市南北两山绿化工程，计划到

海东绿化工程

2030 年人工造林达到 4.36 万公顷，力争将海东市森林覆盖率提高 4 个百分点。工程自 2014 年开始实施，经过林业、水利、交通部门的通力合作，造林绿化稳步推进。目前，已造林 376 公顷，基线景观林、生

态景观林和生态防护林的建设，开启了海东历史上大规模、高标准城镇周边荒山造林绿化的新篇章，初步形成了凸显地理差异和区位优势的脑山地区水源涵养、黄河流域经济林长廊和湟水两岸南北两山生态大屏障。

美丽生态

绿河谷，护水增收美家园

海东市湿地资源总面积 1.19 万公顷，其中河流湿地 6040 公顷、湖泊湿地 20 公顷、沼泽湿地 667 公顷、人工湿地 5200 公顷。近年来，互助县南门峡国家湿地公园和乐都区大地湾国家湿地公园的湿地保护工作取得了重大进展。海东市以"绿化乡村、美化家园"为切入点，结合"高原美丽乡村"建设和生态精准扶贫工作，大力推进村庄绿化建设，已实施村庄绿化项目 605 个，农村环境得到进一步改善；发展了以核桃、大果樱桃、树莓为主的经济林及杏、软儿梨等杂果经济林共 2.42 万公顷；积极引导、扶持林业龙头产业，海东市现有林业产业龙头企业 13 家，其中国家级龙头企业 1 家；培育青海云杉、紫果云杉、河北杨、山楂、国槐、白蜡、紫叶李、海棠等树种 50 余种，育苗面积达 4800 公顷，年出圃苗木 6.32 亿株，为海东市高标准景观造林和城市绿化储备了优良苗木。

绿城区，改善人居大环境

作为兰西城市群节点城市，海东市按照"一路一品、一街一景"的城市街道绿化目标，加快城区重点区域绿化，对城镇小游园绿化、园区生产生活环境绿化、美化以及主要道路进行了提档改造建设。同时，在坚持生态林业和民生林业协调发展的前提下，结合南北两山绿化工程，以打造环境优美、生态宜居的城市为目标，启动了海东市平安区边家滩山地森林公园、七星台公园以及乐都区朝阳山森林公园的建设项目。以坚持打造交通干线、景观主线、生态绿线三大功能齐备的现代化景观高速路为要求，对海东境内高速公路沿线重点区域进行了高标准林带和节点绿地绿化，提高了人均绿地面积，推进了"生态宜居"城市建设。

河湟谷地的绿屏障

乐都药草台美景

民族风情

土族风情
互助土族故土园
撒拉之家
河湟『花儿』
节庆与『非遗』

土族风情

　　在青海省东部、海东市北部，有一片神奇而又美丽的土地，被称为"彩虹之乡"，在这片美丽的土地上，居住着淳朴、善良的土族人民。即使在中国的少数民族中，土族也是属于数量较少的，总人口大约为20万，主要分布于青海、甘肃两省，其中海东市是我国土族人口最多、居住最集中的地区。海东土族大多居住在互助土族自治县、民和回族土族自治县、乐都区等地。

　　过去各地土族有多种名称，乐都的自称"大夏人"（西夏人），互助一带的自称"蒙古尔"（蒙古人）、"察罕蒙古"（白蒙古），民和县的多自称"土昆"（意即土人，吐浑音转）。附近藏族称土族为"霍尔"（对藏北游牧民的泛称，指回鹘或蒙古族；另说即吐谷浑），汉、回等民族称之"土人""土民"。中华人民共和国成立后，依据本民族意愿，统一称为土族。

　　一般认为，土族是以鲜卑慕容部吐谷浑人为源，以不同历史时期融入的蒙古人为重要补充，并吸收汉族、藏族的成分及其文化因素而形成的一个新的民族共同体。

礼仪

　　土族习俗是土族文化的重要组成部分，它集中表现在土族人的礼仪节庆、婚丧习俗和民族服饰等方面。土族人重礼节、好宾客，对来访的客人都竭诚相待，十分热情，对尊贵的客人还要远迎。迎客时摆放礼仪品"希弥尔"和"曲乎尔"，敬献哈达，敬三杯酒迎接。敬酒时一人执壶，一人捧杯双手敬上。客人接过酒杯饮前须用无名指对空弹三下，意为敬苍天，敬诸佛，敬帝王。客人进门时主人对空弹酒"曲乎尔"祝福。

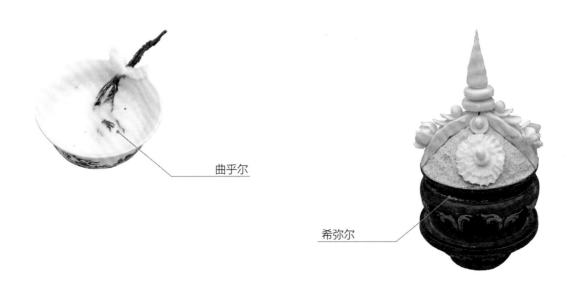

曲乎尔

希弥尔

　　客人入座，土族人以上方为尊。待客时，上三道茶，即馍馍茶（一般放三碟馍：一碟馄锅馍、一碟蒸馍和一碟油炸馍）、包子茶和饭食。在包子茶后上一道手抓肉，在桌上摆放"希弥尔"（在馄锅馍上放点酥油亦可代之），在酒壶、茶壶把和切肉的刀柄上系一撮白羊毛，则是对客人的特别尊敬。土族人待客是在欢乐的歌舞中进行的，头道茶端过之后，则热情地为客人唱敬酒歌敬酒，唱赞歌赞颂客人。喝至酣处，还要唱问答歌、叙事歌，跳安召舞，使宾主始终处在欢快热闹的氛围之中。

待客

服饰

土族的服饰具有独特的民族风格。互助县土族的服饰有"伏兰诺日"服饰〔指的是五十、红崖子沟、松多等乡（镇）土族所着服饰〕、"哈拉齐"服饰〔指的是丹麻、东沟、东山、威远、台子等乡（镇）土族所着服饰〕和"特哇尔托洛盖"服饰〔指的是五十、丹麻、东沟、东和、林川等乡（镇）靠近青石岭的地方以及威远镇、台子个别土族村庄的土族所着服饰〕。

土族妇女一般穿绣花小领斜襟长衫，两袖由红、黄、橙、蓝、白、绿、黑七色彩布圈做成，称"彩虹袖"，俗称"七彩袖"，色彩鲜艳，美观大方，是互助土族传统服饰最典型的标志之一，互助县也因此而享有"彩虹之乡"的美誉。另外，土族妇女还穿镶有白边的红色褶裙，裤子膝下部分套一节土语叫"帖弯"的黑色裤筒，贴弯上沿为约3.3厘米宽的叫"哈济尔嘎"的白边，下沿为约1.7厘米宽的蓝边。

土族姑娘的发式一般为两鬓各梳一条小辫子，中间梳一条大辫子，三条辫子合编在后面，或者只梳一根粗辫子，用红头绳扎紧，发辫根部系一个或几个白海螺圆片。头戴花边头巾，穿白汗褡，套坎肩，勒腰带，裤子膝下部分套红色的帖弯。发式和帖弯颜色的不同，是区别已婚妇女和姑娘的标志。中青年妇女的耳坠主要是银质耳坠和串珠耳坠。银质耳坠有大耳坠、小耳坠之分，另外还有一种叫作"阔勒岱苏嘎"的大耳环耳坠，大耳环下串联一大的红珠子，珠子上下放银质对口，用三串或五串珠子串联起来，珠串吊在胸前。

土族男性多穿小领斜襟的长衫，袖口镶有黑边，胸前镶有一块彩色图案。头戴红缨帽和"鹰嘴啄食"毡帽，腰间系有两头绣花的长腰带，腰带背面一般会别着花烟袋，前面带着 "克迭"（土语，火镰）；小腿扎着上黑下白的绑腿带，穿花云子鞋。

除了常服以外，土族人还穿戴"纽达尔"头饰、"登洛尔"护肩、"达乎"坎肩、"达博"腰带、"斯古尔玛"腰鞋等装饰。

"纽达尔"是土族古老的头饰。在互助地区有"什格纽达尔""托欢纽达尔""纳仁纽达尔""加斯纽达尔""雪古郎纽达尔"等，各地佩戴样式不一。

"达博"腰带的绣制工艺精美，程序较多。绣制工艺主要是盘绣和刺绣。绣制前先用糨糊把几层布裱好并缝上底料布，然后仔细绣上具有土族风格的各种色彩斑斓、美观大方的图案。

"斯古尔玛"腰鞋的鞋面上，一般是用五色丝线绣的彩虹图案。鞋尖饰以五色丝线穗子。鞋腰用黑色布料缝制，放白布里子，里子翻过来在上沿放约 1.7 厘米宽的白色边，并系上鞋腰带子。

加斯纽达尔

托欢纽达尔

袖子

土族女性

帽子

鞋子

土族男性

袖口的花边

领口

帽子

土族盘绣

在土族服饰文化中，最引人注目、最美丽的要数土族花袖衫。这些花袖衫是土族刺绣尤其是盘绣技艺最集中的体现。

盘绣是将数根丝线搓成细绳，用绳线盘绣出图案，有立体感，多用于大腰带、钱褡。其用料考究，加工精细，以黑色纯棉布做底料，再选面料贴上。盘绣是丝线绣，配色协调，鲜艳夺目。针法也十分独特，操针时同时配两根色彩相同的线，一根盘线，一根缝线。绣者左手拿布料，右手拿针，做盘线的那根线挂在右胸，做缝线的那根线穿在针眼上。上针盘，下针缝，一针二线，虽费工费料，但成品厚实华丽，经久耐用。盘绣的图案构思巧妙，具有浓郁的民族风格，包括太极图、五瓣梅、神仙魁子、云纹、菱形、雀儿头、富贵不断头、人物、佛像等几十种样式。图案生动鲜活、疏密得当、融叠自然、色泽鲜明、平整大方、干练流畅，十分优美。除了盘绣之外，不同的针法，还延伸出拉绣、挂绣、堆绣。拉绣是将丝线绣出编织效果，一般用于彩带、花鞋、烟袋等；挂绣是用色线绣成彩条，装饰吊带之用；堆绣是将棉絮充入主体图案布里层，形成起伏不一的浮雕效果。

土族刺绣

土族盘绣

据考古发现，在青海省都兰县发掘的土族先祖吐谷浑墓葬中，就有类似盘绣的刺绣品，由此可以推知，在4世纪左右，盘绣工艺已经发轫。1000多年来，盘绣以母女相传为主，亦在姊妹、妯娌、婆媳间传承。土族盘绣色彩缤纷，图案逼真，在形、色、质、意等方面体现出本民族的审美意识和价值判断，为民族学、美学等学术研究提供了鲜活的材料，2006年当选第一批国家级非物质文化遗产。

土族盘绣之所以自成一体，与其民族宗教、文化、习俗是分不开的。土族姑娘从八九岁就开始习练刺绣技艺，直到出嫁年龄乃至终生，皆以善刺绣为荣。

土族姑娘在刺绣

纳顿节

纳顿节是土族人民喜庆丰收的社交游乐节日，也称"庄稼人会""庆丰收会"等。纳顿节举行时间从夏末麦场结束时（农历七月十二日）开始，一直持续到秋天（农历九月十五日）才结束，历时两个多月，是"世界上最长的狂欢节"。从纳顿节上表演的傩舞傩戏的内容、形式、服饰等考证，纳顿节应当起源于元代中期，完善于明代早期。关于纳顿节的历史渊源，得到较多认同的一种说法是，当时土族人逐渐摆脱了游牧生活，开始步入农耕生产时期，为了处理农耕生产中的矛盾，协调人际关系，便形成了一种集体庙会活动，即"纳顿"。

纳顿节的活动以舞蹈和戏剧表演为主。开场节目是由数十人至数百人参加的集体"会手舞"，参加者按长幼次序排列。伴随着锣鼓的节奏，大家一起绕场而舞，舞姿雄健，气氛热烈，场面壮观。

会手舞之后表演的是戴着面具的哑舞剧《庄稼其》，这是一种古朴的民间傩戏表演，以舞蹈形式表现父亲向儿子传授农业生产技术的情形，揭示了土族先民从逐水草游牧到定居从事农业生产、生活的演变过程。表演生动、细腻，滑稽逗人。

接下来表演的是三国故事《三将》和《五将》等，最后是表现土族祖先从事畜牧业生产时期的生产生活、再现土族先民与大自然顽强斗争精神的面具舞——《杀虎将》。《杀虎将》是一出古朴粗犷的傩戏，其中虎与牛的相抵摔跤、人与虎的搏斗，以及戴牛头面具的杀虎将最后出场降伏猛虎等情节紧张激烈，扣人心弦，透出土族先民远古时期的生活情景。

纳顿节作为土族文化的一部分，荟萃了民族歌舞、民族艺术、民族礼俗等多方面的精华，极大地丰富了青海文化和西部文化的内涵。纳顿节上的各类舞蹈，形象地表现出土族历史的发展过程，尤其是从游牧生活转向农耕生活的历史过程，对于土族历史、宗教、文化艺术、生产生活、民俗风情等方面的研究，具有重要的意义。

参加纳顿节的土族女性

纳顿节锣鼓舞

安召舞

安召舞是土族先民在长期的狩猎、游牧及农耕生活中，在迁徙与征战过程中，创造出的具有本民族特色的歌舞。土族语称安召舞为"千佼日"，意为"转圈"，是一种传统的融词、曲、舞为一体的集体圆舞。

安召舞的规模可大可小，一般由三两人至数百人参加，舞者围成一个圆圈，按顺时针方向转动，由一至两位歌唱能手领唱，伴舞者和以衬词，边唱边舞边转，直至一曲结束。安召舞的曲调高亢嘹亮，男性舞姿粗犷豪放，蕴含着力量之美；女性舞姿柔美轻盈，加上美丽的花袖衫和

安召舞

鲜艳夺目的腰带，犹如无数的彩虹在空中舞动，绚烂无比。

安召舞的歌词多是土族人民礼赞苍天大地的恩惠，赞颂佛祖诸神的恩德，歌颂祖先的丰功伟业，祝福人丁兴旺、牛羊肥壮、粮食满仓等内容。在庆祝丰收、节庆集会、婚礼等庆典上，土族人围着篝火和花坛，把酒起舞，用优美的歌声和奔放的舞姿礼赞、祝福。土族人以这种形式抒发自己对美好生活的热爱和向往，也展示着土族人民的勇武剽悍和能歌善舞的风采。

土族轮子秋

轮子秋，土语称之为"蒙古勒秀勒杰"，源于土族人民的生产生活，是土族人民对全国体育、娱乐和表演艺术的一大贡献。

当一年秋收打碾完毕，打麦场上场地光净，也由此进入了农闲季节。土族人把运送麦捆的大板车取下车棚，将车轮连轴竖立起来，在下轮压上碾场用的碌碡，在上轮平放农家木梯加以固定。木梯两端拴上皮绳圈，荡秋人坐入皮绳圈内，再由他人推动木梯，让车轮飞转起来，就成了一架飞转的轮子秋。

随着时代的进步和社会的发展，土族之乡的文体活动空前活跃。土族人民对广受欢迎的轮子秋也加以改进，用铁制底盘、飞轮滚轴和铁链代替木板、木梯和皮绳。轮子秋上饰以具有土族特色的彩绘、五彩布条和彩穗等装饰物，顶部装饰又形麦穗饰件，使飞旋的轮子秋像飞舞的彩虹，焕发出独特的魅力。身着艳丽民族服饰的土族青年男女，伴着激扬悦耳的土族音乐，在飞转的轮子秋上做出"寒鹊探梅""金鸡独立""猛虎下山""海底捞月"等高难度杂技动作。轮子秋和安召舞天衣无缝的搭配，成为土族文化中一个光彩夺目的亮点。

自 1982 年参加第二届全国少数民族传统体育运动会以来，土族轮

子秋在历届全国少数民族传统体育运动会上，多次获表演项目一等奖。

轮子秋极富土族特色的造型和表演艺术，被誉为东方民族传统体育运动中的一颗璀璨的明珠，被收入《国家级非物质文化遗产名录》。

轮子秋表演

互助土族故土园

互助土族故土园景区位于青海省海东市互助土族自治县威远镇境内，距青海省会西宁市 31 千米，总规划面积 6.81 平方千米，其中核心游览区达 3.25 平方千米。景区包括天佑德中国青稞酒之源、彩虹部落土族园、纳顿庄园和西部土族民俗文化村、小庄土族民俗文化村五个核心景点，分别展现了土族绚丽多彩的民俗文化、源远流长的青稞酒文化、弥久沉香的酩馏酒文化、古老纯朴的建筑文化、别具一格的民居文化、古朴神秘的宗教文化，是目前最全面、最纯正、最真实的以"土族文化"为主题，融游览观光、休闲度假、民俗体验、宗教朝觐为一体的综合性旅游景区，是国内外游客集中了解土族民俗文化的首选之地。

故土园前门

彩虹部落土族园

彩虹部落土族园是一座大型土族民俗文化主题公园，占地面积 13 万平方米，建筑面积 1.3 万平方米，拥有十八洞沟老油坊、世义德酒坊、活佛院、安召广场、土司府、庄廓院和非物质文化遗产传承保护中心等

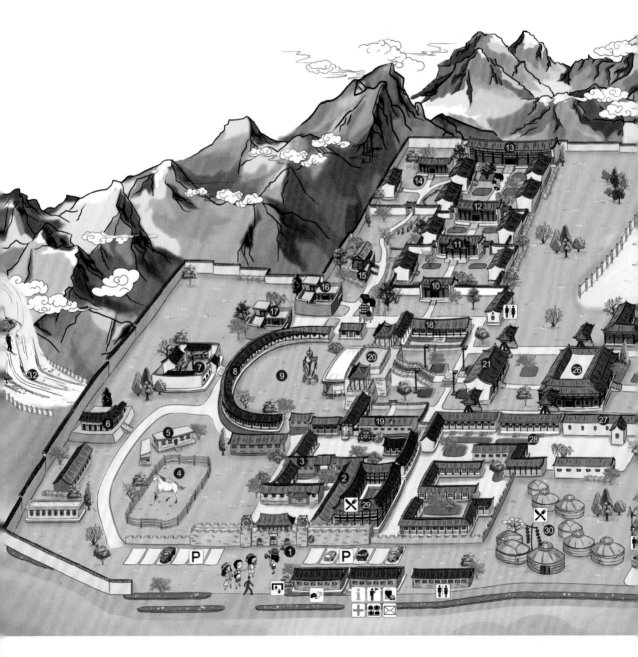

土族民俗文化古建筑群。

这些建筑以青砖青瓦、生土土坯、砖雕木刻等形式建造，集中展示了土族的悠久历史、民族文化和生活习俗，具有极高的观赏性、娱乐性和参与性，已成为青海省内最大的民俗娱乐集中表现地。

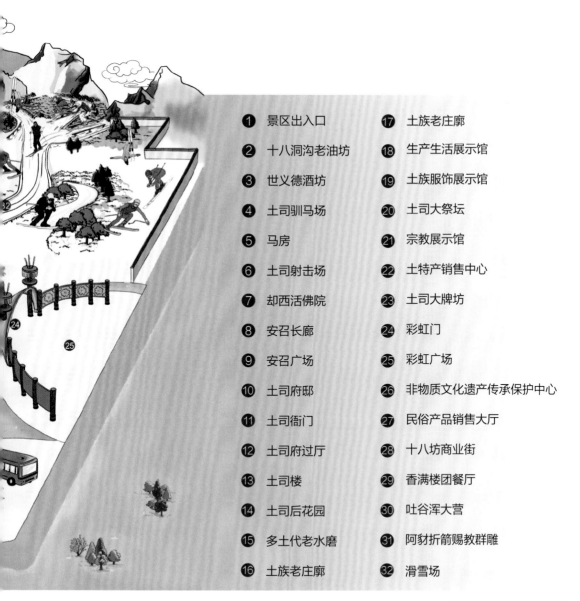

1 景区出入口
2 十八洞沟老油坊
3 世义德酒坊
4 土司驯马场
5 马房
6 土司射击场
7 却西活佛院
8 安召长廊
9 安召广场
10 土司府邸
11 土司衙门
12 土司府过厅
13 土司楼
14 土司后花园
15 多土代老水磨
16 土族老庄廓

17 土族老庄廓
18 生产生活展示馆
19 土族服饰展示馆
20 土司大祭坛
21 宗教展示馆
22 土特产销售中心
23 土司大牌坊
24 彩虹门
25 彩虹广场
26 非物质文化遗产传承保护中心
27 民俗产品销售大厅
28 十八坊商业街
29 香满楼团餐厅
30 吐谷浑大营
31 阿豺折箭赐教群雕
32 滑雪场

彩虹部落景区示意图

互助土族故土园门楼

纳顿庄园

　　以"青稞酩馏酒"闻名的纳顿庄园是青海省最具魅力的民俗旅游接待景点之一。庄园占地面积 3 万平方米，建有土族最原始、最古老的手工酿造作坊，青海乃至西北最大的地下埋藏酒窖，造型酷似土族男子毡帽的金花演艺中心，以及以土族最具代表性的民宿建筑风格建造而成的乡村客栈。土族人家、锅头连炕、佛堂煨桑，从游牧到农耕的多元文化，尽在土坯庄廓之内。

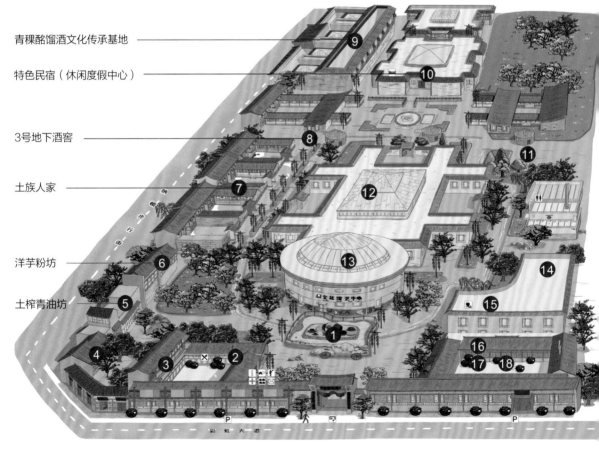

青稞酩馏酒文化传承基地

特色民宿（休闲度假中心）

3号地下酒窖

土族人家

洋芋粉坊

土榨青油坊

① 青海湖观景	④ 手工艺坊	⑬ 金花演艺中心	⑯ 民俗博物馆
② 自助餐饮体验区	⑪ 2号地下酒窖	⑭ 乡村客栈	⑰ 青稞酩馏酒大作坊
③ 土司院	⑫ 纳顿人家	⑮ 土特产超市	⑱ 地下酒窖

纳顿庄园景区示意

西部土族民俗文化村

西部土族民俗文化村是互助县从事民俗旅游接待起步较早的景点之一。景区占地2万平方米，内有"世界第一嘛呢石"，"一进三院"的仿明代土司府邸，原始古老的水磨及百年油坊，驰名河湟的威远烧坊和反映土族古老宴席文化的"圈圈席"。可以说，在西部土族民俗文化村，可以体验到土族原生态的风土人情和传统习俗，给人以时光倒流、历史重现的感觉。

① 广场
② 嘛呢石
③ 土族故土园入口
④ 奔康
⑤ 威远烧坊
⑥ 土族民俗展览馆　⑦ 高原立轮式水磨　⑧ 百年油坊　⑨ 清代土族民居　⑩ 游客餐饮中心——圈圈席

西部民俗村景区示意图

土司府邸

小庄土族民俗文化村

威远镇小庄土族民俗文化村是互助县"十大传统村落"之一，全村土族居民占总人口的98.3%，拥有乡村旅游接待户90户，曾被评为全国乡村旅游示范点、青海省最美乡村、首批中国乡村旅游创客示范基地。村里一年四季歌声不断、安召不歇，美丽"阿姑"纤手飞针，多情"阿吾"轮上飞旋，"七彩袖"诉说着亘古流传的情缘。在这里，进入任何一户农家小院，都可以真实体验到土族民俗餐饮、土族婚俗、土族服饰和手工艺品展示等土族的风土人情和原生态的民间工艺。

互助县威远镇土族民俗村

天佑德中国青稞酒之源

　　天佑德中国青稞酒之源是全国最大的青稞酒生产基地和青稞酒原产地保护基地。青稞酒酿造起源于元代，兴盛于明清，发展于近代，辉煌于今天。1952年，互助县在天佑德、永庆和、世义德等八大作坊的基础上，组建了国营互助县酒厂。2011年1月，正式更名为青海互助

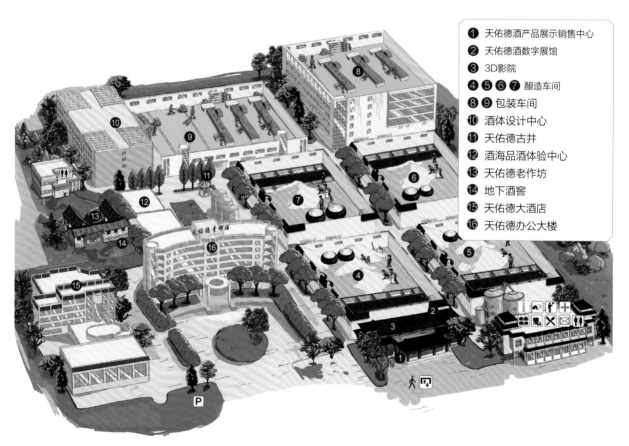

① 天佑德酒产品展示销售中心
② 天佑德酒数字展馆
③ 3D影院
④⑤⑥⑦ 酿造车间
⑧⑨ 包装车间
⑩ 酒体设计中心
⑪ 天佑德古井
⑫ 酒海品酒体验中心
⑬ 天佑德老作坊
⑭ 地下酒窖
⑮ 天佑德大酒店
⑯ 天佑德办公大楼

天佑德酒庄景区示意图

青稞酒股份有限公司,同年12月在深圳交易所上市,年生产青稞原酒1.5万吨,生产的"天佑德""八大作坊""永庆和""互助"四大系列青稞酒产品共100余个品种,拥有"互助""天佑德"2个中国驰名商标和"互助"中华老字号品牌,产品除稳固占领青海市场外,还销往全国其他30多个省、自治区、直辖市,远销美国、俄罗斯等国。

互助青稞酒窖

撒拉之家

　　撒拉族是中国信仰伊斯兰教的少数民族之一，主要聚居在海东市循化撒拉族自治县和化隆回族自治县的黄河谷地，以及甘肃省积石山保安族东乡族撒拉族自治县大河家镇一带，因自称"撒拉尔"（简称"撒拉"）而得名。关于撒拉族的族源，有多种说法，学术界目前比较一致的意见是源自中亚撒马尔罕。海东市循化撒拉族自治县是中国撒拉族的发祥地，是全国唯一的撒拉族自治县，撒拉族占总人口的 62.12%，被誉为中国的"撒拉族之乡"。化隆县则是撒拉族人口分布集中的第二个地区，境内撒拉族的先民，最早在元末明初迁入，清乾隆年间已形成撒拉族聚居的村庄。

　　受青藏高原河湟谷地的自然条件、本民族的经济状况和与周围兄弟民族的交流及多民族交融大环境的影响，在数百年来的历史演变过程中，勤劳朴实的撒拉族逐渐形成了在全国独树一帜的民族文化，体现在日常起居、风俗风情和节庆习俗等多个方面。

撒拉族民居

撒拉族聚族而居，自成区域，对住宅历来十分讲究。早期的撒拉族民居略带中亚风格，后来吸收汉式建筑风格，发展成为中国北方四合院式布局、土木结构的平顶房。材质主要以油松和白松为主，四周围以土墙，称"庄廓"，整个庄廓建筑由堂屋、厨房、圈房、庭院和大门组成。

目前看到的撒拉族古民居建筑，主要是明清时期遗留下来的土木建筑。这一时期，撒拉族人口不断增加，建房时讲究牢固、美观、经济、变通，突出防风、防震、安全的作用，因而通常选用精良的松类木材。

篱笆楼多用树条笆桩制成

篱笆楼样式

其中，篱笆楼是这一时期撒拉族古民居建筑的代表。

篱笆楼是一种将木、石、土混为一体的古老民居建筑，因楼房墙体大部分用树条笆桩制作而成，故得名。据调查，保存下来的撒拉族古民居篱笆楼，主要位于循化县黄河岸边的清水乡大庄村。

大庄村紧邻孟达国家级自然保护区，孟达地区古称河关地，自古便是甘青交通要冲。早在13—14世纪，生活在这一带的撒拉族就开始发挥他们的智慧与才能，开发林地，利用当地自然林木、土石资源，同时与周边藏、汉、回、土、保安等民族交往，结合丰富的多民族文化，设计出了篱笆楼。

篱笆楼建筑布局多种多样，因地制宜，自由搭建，有横字式、拐角式和三合院式。篱笆木楼通常分上下两层，上层设卧室、客房等，楼底房间为仓库、畜圈等。篱笆木楼的楼体框架均由木质良好的松木构成，墙体用杂木枝条编织，两面抹以草泥，墙体中间为空。房子的门窗和柱子大多雕饰有各种精美的图案。使用这种方法建造的楼房，既节省了建筑材料，又减轻了楼体重量，同时，中空的墙体冬暖夏凉、透气性强。

2008年6月，撒拉族篱笆楼营造技艺被收入《国家级非物质文化遗产名录》。其营造技艺积淀着撒拉族特有的文化现象，是河湟地区独有的、具有一方民族特色的建筑艺术，对研究撒拉族的民俗具有重要意义。

历史的发展决定着民居形式的改变，当今的撒拉族民居正朝着文化性、艺术性、娱乐性、旅游性等综合方向发展。现在的撒拉族民居多以红砖、空心砖、瓷砖等砌饰庄廓的内外围墙，大门多以双扇铁门、木制攒尖门等样式构成。厢房建筑不断向多样化的现代化建筑形式发展，构架用材精良，多为砖木、砖混结构，檐面雕饰精致奇丽，室内铺设地毯，布置着现代家具。为讲求节能、美观、清洁，许多人家购置了太阳灶和液化灶，厨内整洁，不见烟灰，灶具放置有序，具有田园风格。

　　走进当地的撒拉人家，首先映入眼帘的是撒拉族木雕房屋。外部大梁及檩子上的木雕勾勒细腻、华丽精美，撒拉族称之为"花槽"，少则两至三道，多则十几道，有几何图案和植物图案，层层叠叠，千姿百态。

院落

大门

木雕的花纹十分精细，令人叹为观止。

院落布局经济合理，主房坐北朝南，是撒拉族庄廓的主体建筑，高度、方位、建材、结构、尺度、功用等，都有别于其他房屋建筑。进深两间带廊，多为三间，隔出一间供长辈居住，正中作为堂屋，也是举行婚丧大事、接待宾客的重要场所。另一间则为客房。与正房相对的南屋为小辈的住处，东厢房多用作厨房和储备室，西边为圈房，饲养牲畜。居室必盘火炕，靠墙炕上安放柜子或一对木箱，柜上叠放被褥、毯子等。堂屋正中安放一张八仙桌，上放香炉、盖碗子等。一般庭院里都栽有花木，房后有果菜园，庄廓前后，河渠纵横，绿树成荫。

撒拉族房屋的房顶特别高，房子宽敞，炕特别大，被勤快的撒拉族妇女拾掇得干干净净，即便夏日里外面艳阳高照，进了屋子也能感到神清气爽。喝着主人端来的盖碗茶，在悠长的茶香里你会不禁感叹粗犷豪放的撒拉族人竟还透露着这般的秀气与细腻。

撒拉族民居的大门也很有特色。撒拉族无论贫富，入口的门楼装修得都很讲究。大门的木构件也雕有美丽的图案，在门墩正面和门洞内侧局部还嵌有砖雕，使大门显得精美豪华，与高大、粗朴的土夯墙形成强烈的反差，对比十分明显。

撒拉族有着爱花的传统。即使庭院里没有地方，阳光照不到，撒拉族也要把土背到门庭上种花。

在循化，撒拉、汉、回、藏等民族和谐共生，在撒拉族民居中也有体现。例如，在庄廓墙上，仿藏族习俗，围墙四角顶放置白石头，紧贴围墙布建房屋；受汉族民居的影响，在厢房正中一间的第三道横檩上裹一条红布条，红布条内放些麝香、粮食、硬币等，以示五谷丰登，家庭平安。

撒拉族婚俗

撒拉族婚俗既古朴又喜气。从订婚到举行婚礼仪式要经过相亲、打发媒人、送订婚茶、送聘礼、念合婚经、送嫁、回门等几个程序。婚礼一般在隆冬的黄昏举行。娶亲人（男方）一般不入家门，先在女方家门外场院守候，听阿訇诵《尼卡亥》《合婚经》；女方长辈要迎出来给新郎戴上新帽，系上绣花腰带，再由已婚的至亲陪伴，跪在阿訇面前，新娘则跪在房内炕角，听阿訇诵《尼卡亥》《合婚经》。念毕，撒核桃、红枣给众人，并散发"古古麻麻"（油炸小面食），女方家设宴招待迎娶者，饭后迎娶者先回。到了次日，由女方至亲中的两位女眷和其他亲朋好友送新娘至男方家。

送新娘前，女方家要派十多个青年男子，向男方家送去陪嫁和妆奁。此时，左邻右舍的男女老少，纷纷赶来，围坐在新娘四周，边看姑嫂们

送新娘

青海循化撒拉族婚礼，娘家的陪嫁

撒拉族婚礼上的首饰

撒拉族新娘头饰

退行

给新娘修面整容，梳妆打扮，边听新娘哭"撒赫斯"（类似于哭婚调）。

黄昏时分，男方牵来一匹马或骡迎娶新娘，新娘在阿舅和叔伯们的搀扶下，一边退行，一边低头弓腰，哭吟"撒赫斯"，缓缓走出大门，从左至右，绕乘骑一周，并徐徐撒完一把粮食（象征家中五谷丰登，到婆家后生根发芽），随后去男方家。

这时，女方村里早先嫁到男方村庄的妇女们，端着一盘盘香喷喷的"比里买亥"（油拌的面食），在村外的道旁热情迎接，并通风报信，密告本村"挤门"的情况，使送亲者有所准备。

至男方家门口时，鸣放礼炮，送亲男眷簇拥新娘强行骑马夺门而入，男方则闭门索礼，还要让新娘下马步行入门，你堵我冲，以此一争"胜负"。这一"挤门"习俗，至今仍在盛行。

进门后，大家一一上炕入席。新娘就餐前，由至亲长辈做一番美好的祝福，然后用筷子揭开新娘的面纱。餐毕，新郎家的妯娌们端一盆净水，向新娘索取喜钱。她们用筷子或手搅动盆里的水，让新娘把铜板丢在水中，象征婆家清白似水，愿新娘深扎根，结硕果。

这时，年轻人纷纷起来，把新郎的父亲、哥哥、阿舅捉起来，满脸涂上锅灰，头戴破草帽，眼挂空心萝卜镜，用木棒抬起，或让其骑牦牛转圈，直到讨得一笔可观的喜钱方才罢休。接着就表演"骆驼戏""宴席曲"。

当晚成亲，次日鸡鸣而起，新婚夫妇各依伊斯兰教习俗进行沐浴，并盛装出门，拜见公婆和长辈，新郎则赴女方家拜岳父母道安。在大庭广众之下，女方要开箱"摆针线"，陈列陪送的嫁妆，还要给男方家人和叔伯至亲送刺绣的鞋袜、枕头等。为了表达对新娘家长及至亲们的深情厚谊，男方也拿出一部分钱财予以酬谢。

河湟"花儿"

　　"花儿"，也称"少年"，是在西北地区流行的用汉语演唱的传统民歌，在当地的汉、回、藏、土、撒拉、蒙古、东乡、保安、裕固九个民族中广为流传。作为一种文学与音乐完美结合的独特艺术形式，"花儿"历史悠久，内容丰富，形式多样，曲调优美，风格豪迈，具有浓郁的高原风情，深受当地广大群众的喜爱。由于对西北地区的历史、地理、文化、宗教、风土人情都有所记述，又被誉为"黄土塬上的无标题史诗"。

　　每当春暖花开时，河湟谷地的"花儿会"就会此起彼伏地绵延开来。青海各地的花儿会大多在农历六月上旬和中旬举行，规模较大的有：西宁凤凰山花儿会，每年农历四月初八举行；海东乐都瞿昙寺花儿会，农历六月十四开始，十五为正会期，十六结束；海东民和七里寺花儿会，农历六月初六举行；海东互助丹麻花儿会，一般在农历六月十五至十七举行。

　　有人说："青海的花儿在河湟，河湟的花儿在民和。"明朝诗人高洪作的组诗《古鄯行吟》中写道："青柳垂丝夹野塘，农夫村女锄田忙。

轻鞭一挥芳径去，漫闻花儿断续长。"这是迄今为止能查到的关于"花儿"的最早文字记载。诗人骑马在民和巡游，路经古鄯，忽闻民和花儿悠扬的令声在旷野里飘散，高亢鸣啭，缠绵悱恻，于是勒马驻足，细听品味，被那花儿的神韵所感染，遂赋诗一首，记录下了民和花儿广为流传的景象。

民和七里寺花儿会由于其浓厚的地方特色，在西北地区颇负盛名，2006年入选第一批国家级非物质文化遗产。

七里寺位于民和回族土族自治县以南古鄯镇境内的小积石山麓，因喷涌于峡口之岩下的七里寺药泉而声名远播，每年来这里饮水治病的人

青年花儿歌手双虎妹在演唱花儿

络绎不绝。每年农历六月初六，各方群众盛装举伞结伴而来，六七万人云集峡谷，一边畅饮药泉水，一边通宵达旦对唱花儿。

　　七里寺花儿会是群众自发组织的民间文化盛会，演唱者均为民间歌手。演唱形式有独唱、对唱、合唱等，比兴手法严谨，韵律独特别致，无任何乐器伴奏。曲令演唱风格高亢悠长，声调润绵，旋律优美动听，具有很强的艺术感染力。演唱的内容多为情歌，包罗万象，诉说着当地劳动人民的生产生活和贫苦大众男女的情感生活。人们一般根据内

容而选择用不同的令来演唱，所唱曲令多达 40 余种，代表曲目有《古鄯令》《尕阿姐令》《二牡丹令》《三呀儿绕令》《白牡丹令》《二梅花令》等。

河湟花儿的音乐旋律像一朵朵烂漫的山丹丹花，盛开在田野山川，映照在人们的心里。各民族的"花儿"连成一片，形成了一个多姿多彩的艺术海洋，情与情的交融，心与心的碰撞，成就了海东的美。

人们参加六月六的"花儿会"

节庆与"非遗"

汉、回、撒拉、土、藏等多个民族在海东和谐发展、共融相存，赋予了这片土地具有民族特色的节庆文化。这里有历史悠久的北山跑马和热闹的南山射箭，有规模壮观的九曲黄河灯阵，有源自古代羌人狩猎活动的"耍火龙"，另外还有皮影戏、眉户戏……

随着一场又一场盛大展演活动的隆重举行，多种文化在这里碰撞、交融，以其独特的艺术魅力营造了浓厚的文化氛围。多彩的民族民间艺术更为海东文化发展提供了丰富而独特的文化资源。

这些丰富多彩的活动是海东民间特色文化的一个缩影，同时也是重要的非物质文化遗产。为更好地延续非物质文化遗产的存续能力，推动其创新发展，海东积极组织各类民间民俗活动，同时，借助"非遗"原生态保护传承以及各类文化展演和交流活动，积极打造海东非物质文化遗产品牌，使其成为建设河湟传统文化传承体系的重要平台。

海东市非物质文化遗产分布示意图

安召舞
安召舞是土族人民歌颂人畜两旺、五谷丰登、祈愿吉祥如意的无伴奏歌舞，也是融诗、歌、舞为一体的民间娱乐形式。

土族盘绣
盘绣是中国土族刺绣中最主要的绣法，是土族妇女一生的必修课。盘绣是土族独有的一种绣法，复杂巧妙，汇集着古老土族文化的深刻内涵。

南山射箭
乐都南山地区民族射箭活动历史悠久，源远流长。射箭是一项重要的民间文化体育活动。

土族纳顿节
纳顿节是土族人民喜庆丰收的社交游乐节日，也称"庄稼人会""庆丰收会"等。纳顿节被称为"世界上最长的狂欢节"。

撒拉族篱笆楼营造技艺
撒拉族的古民居篱笆楼，是土木石混为一体的古老民居建筑，因楼房墙体大部分用藤条编织而成，故得名篱笆楼。

撒拉族服饰
撒拉族的传统服饰，颜色鲜艳明快，富有民族特色。撒拉族服饰有两方面的特点，其一，服饰的伊斯兰教色彩；其二，与回、藏、汉等民族服饰相互影响和融合。

互助土族自治县

乐都区

民和回族土族自治县

化隆回族自治县

循化撒拉族自治县

平安区

大通河

湟水

黄河

高寨镇
平安镇
扎古镇
马厂乡
蒲台乡
前河乡

竹马子
新安狮子舞
眉户戏
仲家龙王庙会

香里胡拉藏护花舞

高庙社火
洪水火龙舞
北山跑马
北门封神舞

土族梆梆会
威运酩馏酒酿造技艺
青稞酒传统酿造技艺
背口袋（萱麻饼）制作技艺
《布柔吨》（萱麻饼）制作技艺
土族搓毡技艺
威远二月二搭台庙会

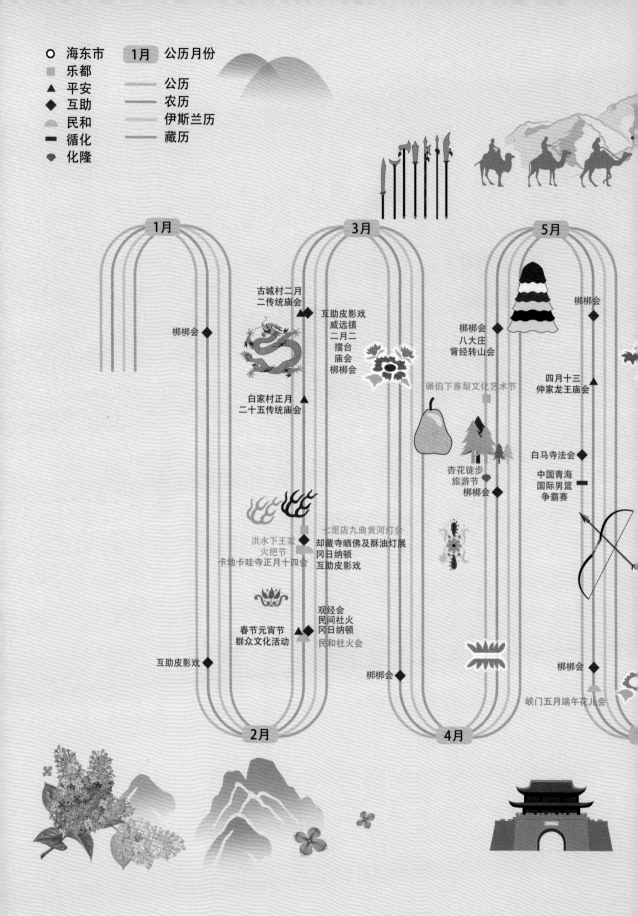

海东市
乐都
平安
互助
民和
循化
化隆

1月 公历月份

公历
农历
伊斯兰历
藏历

1月

梆梆会

3月

古城村二月
二传统庙会

互助皮影戏
威远镇
二月二
擂台
庙会
梆梆会

白家村正月
二十五传统庙会

洪水下王家
火把节
卡地卡哇寺正月十四会

七里店九曲黄河灯会
却藏寺晒佛及酥油灯展
冈日纳顿
互助皮影戏

碾伯下寨梨文化艺术节

杏花徒步
旅游节
梆梆会

观经会
民间社火
冈日纳顿
民和社火会

春节元宵节
群众文化活动

互助皮影戏

梆梆会

2月

4月

5月

梆梆会
八大庄
背经转山会

梆梆会

四月十三
仲家龙王庙会

白马寺法会

中国青海
国际男篮
争霸赛

梆梆会

峡门五月端午花儿会

海东民俗节庆

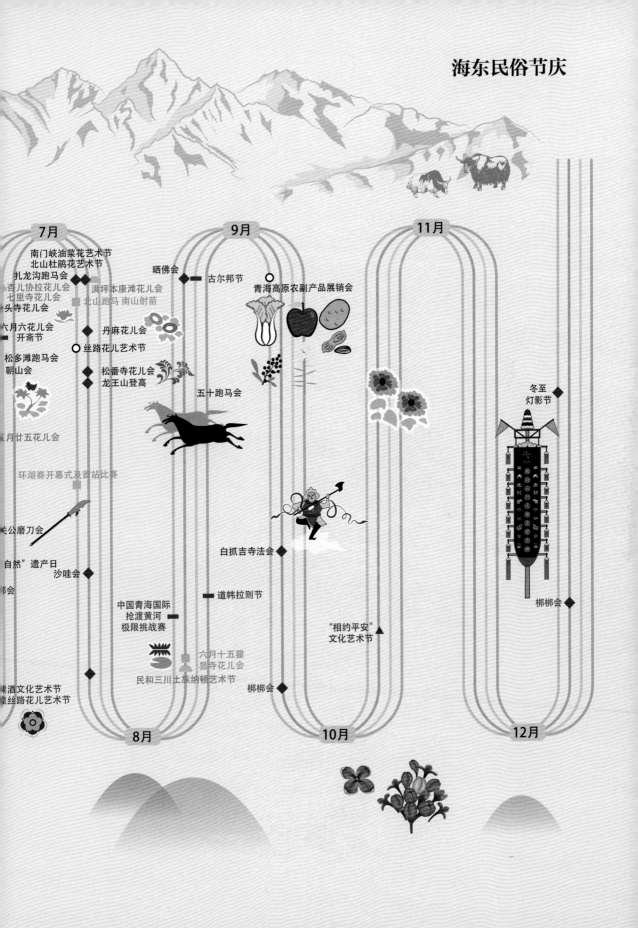

7月

南门峡油菜花艺术节
北山杜鹃花艺术节
扎龙沟跑马会
杏儿协拉花儿会
七里寺花儿会
头寺花儿会
满坪本康滩花儿会
北山跑马 南山射箭
六月六花儿会
开斋节
丹麻花儿会
丝路花儿艺术节
松多滩跑马会
朝山会
松番寺花儿会
龙王山登高
月廿五花儿会
环湖赛开幕式及首站比赛
关公磨刀会
自然"遗产日
沙哇会
郎会

9月

晒佛会
古尔邦节
青海高原农副产品展销会
五十跑马会
白抓吉寺法会
道帏拉则节

11月

冬至
灯影节
郏郏会

中国青海国际
抢渡黄河
极限挑战赛
六月十五瞿
昙寺花儿会
民和三川土族纳顿艺术节
果酒文化艺术节
丝路花儿艺术节

"相约平安"
文化艺术节
郏郏会

8月

10月

12月

乐都北山跑马

每年农历六月中旬，鸟啭莺啼，花红柳绿，北山跑马便如期而至。相传，北山跑马源自唐朝文成公主入吐蕃时期。文成公主路过乐都境内，受到当地群众的热烈欢迎，为答谢当地群众，在她的倡导下，举办了跑马大赛，后该习俗一直沿传至今。

伴着吉祥的海螺声，赛马会正式开幕，骑手们身着盛装出场，一边高喊"拉索"，一边向天空抛撒风马，以祈求天地间大气中的元气和无形的神灵保佑，助自己胜出。

跑马一般选用骑术高、年龄小、身体轻盈的人做骑手，多数是北山地区村落中的青少年，也有酷爱走马、多次参赛的中年人。选手们衣着华丽，极富民族特色。马背上不放马鞍，一般都是铺上各家手工做的垫子，以此减轻马的负载。为了让比赛更有观赏性，马主人还要将赛马精心打扮一番，在马的头部、胸部、颈部和尾部系上五彩缤纷的绫绸。

乐都北山跑马以走马为重点。主人跨骑加鞭，骏马如果疾走如飞，稳健而快速，路人会连声夸赞，主人则兴高采烈。"走马"的"走"并非是现代汉语的"走"，而是具有古意的"走"，即小步快跑的意思。北山人对走马的要求不少：其"走"的规则有点类似田径运动中的竞走项目，马"走"起来要碎步而驰，快速领先，动作优美，步法稳健，既不能纵蹄而奔，又不能迟缓落后。

被装饰得无比鲜丽的骏马，由骑手们驾驭着一路奔来。众马齐进，马蹄交错，你追我赶，如潮似浪。骑手们呼啸挥鞭，红缨飘飘。马后尘土飞扬，蔽日障目。旁边还有骑摩托的裁判，观察走马的走姿、速度、稳健度及耐力等。

哪种颜色的赛马获得第一名是有讲究的，多数情况下，都是白色的马取得头名，这与华热藏族千百年来崇尚白色的民俗有关。相传华热的战神是骑白马的将军，所以华热藏族人以白马为吉，黑马为凶。黑白两马并行时，必须让白马先行，若是黑马获得第一名，会被认为是不祥之兆。

跑马比赛结束后，乡民们将代表热情奔放、喜庆吉祥的红色绸子被面搭在马上，同时会向马主人敬烟敬酒。一来向获胜者表示祝贺，二来也有趋吉避凶讨吉利的意思。因此，每次比赛中优胜的马匹，其背上的红色被面一定最多。

北山跑马比赛作为非物质文化遗产，具有鲜明的民族特色和文化特色，深受各族人民群众的喜爱。

乐都民间赛马大会

北山跑马比赛

南山射箭

南山射箭在每年的端午节前后举行。比赛前，箭头（主办人）商定邀请的对象，然后带上两支箭和哈达前去邀请，当双方同意并商定比赛时间后，就把两支箭留在参赛者手里。主办方的箭手们，男的杀鸡宰羊，选择靶场，准备赛前的一切事宜；妇女们则擀长饭（擀面条），炸油饼，蒸馍馍，澄凉粉，准备各种美味佳肴，以准备招待客人。

比赛当天，主客箭手身着民族盛装。当客方来到赛场时，主方大吼三声以示迎接。客主双方吼叫着、跳动着进入赛场，欢呼雀跃一阵后，即开始比赛。赛场上竖起一面用树枝编成的约 2 米见方的靶子，靶心是由馒头花簇做成的直径约 35 厘米的圆圈，称之为"月儿"。靶子距起射点一般在 70~100 米之间，根据地形条件而定。比赛前双方各选一名监靶人（裁判），站在靶子旁边，手持树枝，当射手命中一箭时，即摇晃树枝一次。还各选一名公证人（记分员），在地上挖两个小坑，准备些"羊儿"（小石子），射手命中一箭，即向坑内投一枚石子作为记录，以坑内石子多者为优胜。比赛时一般每五名队员为一轮，双方队员一对一轮流上场，每轮两射，上下午各射两轮。

第一箭叫开靶，一般由双方的优秀射手开靶，之后依次进行。凡射中靶者，一手举弓，一手叉腰，又呼又叫着向射场中央跑去，其他射手欢呼雀跃紧随其后，十几条汉子异口同声，吼唱同一首调子，踏着铿锵整齐的步子，将射手迎回队列，很有点向对手扬威和叫板的味道。就这样，精彩的场面一幕接着一幕。

乐都南山射箭活动悠久的历史和独特的魅力引来各方关注，2008年乐都南山射箭被列入《国家级非物质文化遗产名录》。2013年，乐都区举办了首届中国河湟民间射箭邀请赛，乐都射箭从而成为国家级赛事活动。

南山射箭

九曲黄河灯阵

　　九曲黄河灯阵是一项男女老少都愿意参加的群众性娱乐活动。每当正月十四至十六晚上，十里八乡的群众都早早来到这里，等待转灯的开始。当地百姓有"串串黄河腿不疼，看看天灯双眼明；转转黄河圈，能活一百年；转转天灯杆，全家保平安"之说。

　　七里店黄河灯会每隔一年举办一次，当地叫"三年两头办灯会"，一直由七里店、马家台、李家庄、水磨湾四村联办。灯场设在七里店村东头三官庙和三霄娘娘殿东侧的耕地里。正月十三，所有灯笼汇集灯

场，由负责的"灯把式"们仿照神话中三霄娘娘所布的九曲黄河阵，按周易九宫八卦方位，以"富贵不断头"的传统图案，画出九曲黄河连环阵布局线路，竖起 1.67 米高的木杆，将灯笼固定于上端，形成往来循环、转遍九座灯城的 5000 米通道。灯阵的布置是根据八卦演变来的，中央为太极，东西进出的两道门象征两仪，四方城壕象征四象。转灯时，先从城壕转起，逐步深入，整个路线都是由榔头字组成。灯阵内尚竖有 36 根高木杆，其上悬有巨型彩灯、大幅条形标语和经幡，按传统说法，它们象征着三十六天罡。以前，灯笼的颜色均为白色，

九曲黄河灯阵

改革开放后，由纯白色变成由内向外的黄、红、绿三种颜色。据说，从空中俯瞰，黄河灯阵恰似一朵黄蕊、红瓣、绿叶的莲花。灯阵周边挂满五颜六色的花枝彩灯，尚有以彩色灯泡刻意创制的"松鹤延年""龙凤呈祥""人寿年丰""吉祥如意"等艺术造型。灯阵门口和村口都用松枝搭起蓬茸高大的彩门，披红挂彩，喜迎宾客。灯会期间各家屋院都高悬一盏长明灯，以示喜庆。

正月十四，薄暮时分，街上早已人头攒动，三官庙和三霄娘娘殿中香烟缭绕，好不热闹。直至夜幕降临，月亮升起，但见彩灯闪烁变幻，万盏灯笼竞放光芒，人们涌进阵中，形成规模壮观的人流。熠熠生辉的各式彩灯和制作古朴的花灯，将现代文明和古老文明融合在一起，成为节日的一大亮点。

2008年，七里店"九曲黄河灯"入选国家级非物质文化遗产。

红、黄、绿三种颜色的灯笼

耍火龙

在乐都区春节社火中有一个独具特色的节目——"火龙",也称"耍火龙""火把会",是流行于乐都区洪水镇下王家、马家营等地的一种传统社火节目。

"火龙"源自羌人的狩猎活动。古时湟水谷地森林密布,野兽成群。每当秋季野兽膘满肉肥之时,先民们就会开展大规模的狩猎活动,一天的狩猎结束,便举行庆典宴会。夜幕降临,点起篝火,于其周围载歌载舞,尽情抒发收获后的喜悦。伴随着农耕文明的到来,这一习俗也延续下来,演变成现在欢庆丰收,祈祷海晏河清、生活富裕安康的民间文娱活动。

"火龙"因其演出内容和形式的特殊性,属于典型的"夜社火"。在演出过程中,由于其他节目的陪衬,更显其形式之独特、场面之盛大、场景之欢腾、气氛之热烈。

"火龙"虽然在元宵之夜演出,但争得出演"火龙"资格的人家,从这天早晨起就开始扎制"火龙",而准备工作早在腊月就已经开始。扎制"火龙",先要扎制一个形象逼真的龙头,然后再制作龙身。龙身里面以一根粗麻绳连接,外面用干柳条、麻秆、油菜秸秆等扎捆而成。每条"火龙"都要扎成12节,象征一年的12个月,共要扎制24条"火龙",代表24个节气,并给每条"火龙"编号。排位的先后顺序,根据扎制的速度和质量来确定。耍"火龙",最讲究的是"中头彩",即看谁家的"火龙"最先到达中心会场。因此,扎制"火龙"的人家就都格外认真负责,因为编号越在前,"中头彩"的可能性就越大。

夜幕降临,圆月初升。指挥者发出"送火龙"的号令,年轻人便抬着条条"火龙"冲出村庄,分成两队,吼叫着,蹦跳着,分别奔向两个相邻的山头。号令一出，其他社火节目也跟着开始。"火龙"到达山头，先是烧香点灯，化裱奠酒，祭拜山神。之后领头人向山下发出信号，霎时，山下的吹弹歌舞声戛然而止，说笑吵闹的群众也屏声静气，缄默不语，一片寂然。大家都在期待"火龙"的点燃。突然，夜幕下的山巅火花闪耀，火龙点燃了，也燃起了人们希望的火种。霎时，片片火烟映红了夜空，照亮了山野，也照亮了人们的心。两队人员擎举"火龙"，排成两队，从山头吆喝着蜿蜒而下。那阵势俨然是两条巨大"火龙"从天而降，令人目眩神摇、惊奇万分。山下的人们按捺不住惊喜兴奋的心情，激动得大喊大叫，山上山下的吆喝声、喝彩声、喧闹声连成一片。

十几分钟后，当两条长长的"火龙"进村时，在两小一大的三个彩门处，锣鼓震天，鞭炮齐鸣，男女老少摩肩接踵地欢呼鼓掌，迎接驱邪赐福的"火龙"的到来。两条"火龙"分别通过两个小彩门后，迅即融合成一条大大的"火龙"，再从大彩门进入篝火场地。"火龙"绕场几圈后，又分成24条小"火龙"，每4条"火龙"垒架成一个篝火堆，共垒架成6个篝火堆。这时，人们依照惯例，开始跳火堆的娱乐活动。年轻人身体灵便，一个个从火堆上一跃而过；老人和孩子们也跃跃欲试，在火堆边上来回跳跃着。在他们的心目中，这"火龙"之火可以烧去所有的晦气，烧开富裕安康的大门。

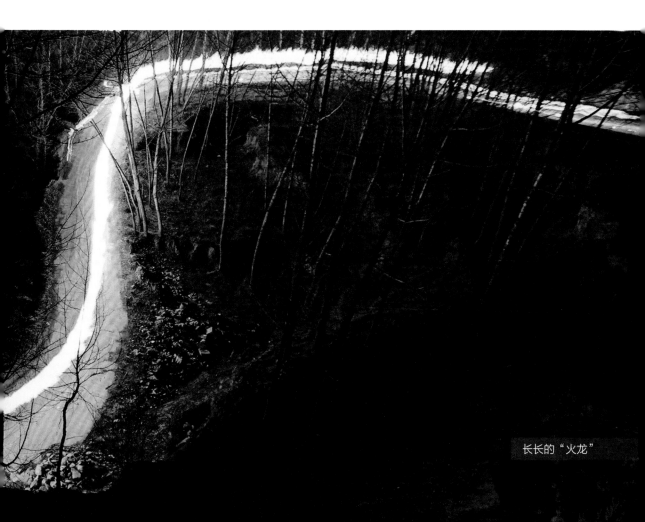

长长的"火龙"

海东风物

海东美食

海东特产

海东美食

　　长期以来的多民族聚居，赋予了海东独有的美食特色。因高原气候特点，食材以牛羊肉为主，具有一种粗犷之美；又因这里交通便利，商贾云集，故兼有北方菜的清醇、川菜的麻辣、南方菜的味鲜，包罗万象，百味调和，来自四面八方的舌尖上的美味都在这里驻足。

民和手抓羊肉

　　手抓羊肉是海东风味名菜之一。因吃羊肉时不用筷子夹，而是一手抓肉块，一手拿刀，割、挖、剔、片，故得名。手抓羊肉新鲜滑软，油而不腻，质嫩肉酥，作料不多，香味扑鼻，滋味不凡。

　　海东各族人民都用手抓羊肉作为敬客的上好食品，每逢家有喜事、贵客登门，或外出野炊，必以之作为主菜，以传达对客人的敬重和对生活的热爱。

　　海东最著名的手抓羊肉，要数民和县的清和王尔力手抓羊肉。从20世纪80年代就开始营业的"王尔力手抓馆"，对制作手抓羊肉很有讲究。首先要选用本地绵羊，四齿三岁，膘肥一指厚。由当地阿訇诵念清真言宰羊放血，除皮去脏，将整个羊分为前腿、后腿、背子、脖子等五大块，用冷水浸泡并洗净血水后，放入锅里用清水煮。待水滚后撇去浮沫，同时放入草果、花椒、鲜姜、胡椒、盐等调料。煮肉时一开始要用大火，锅开后再用小火炖煮，这样煮出来的羊肉酥嫩味香，不腻不膻。煮熟后趁着热气，撒上椒盐，和着大蒜边撕边吃，风味独特。

清和王尔力手抓羊肉不仅驰名县内，在省内外也有广泛影响。如今，不但以真空包装运往全国各地，而且远销国外，扬名世界。

民和手抓羊肉
将羊肋条切成长约 10 厘米、宽约 5 厘米的条块，摆到碟子里，再配以香菜

化隆牛肉拉面

化隆牛肉拉面具有上百年的历史，其独特之处，在于其以青藏高原牦牛肉、牛油、牛骨熬汤，再配以 30 多种天然作料，食之味美可口，清而不腻，深受大众的喜爱，历久不衰。

化隆牛肉拉面一般要经过"三遍水、三遍灰、九九八十一道揉"的手工揉面和拉制而成。制作出来的拉面具有"一清、二白、三红、四绿"

的特点：一清是汤要清，二白是面要白要筋道，三红是辣油红润，四绿是香菜、蒜苗鲜绿。化隆牛肉拉面主要有大宽、二宽、荞麦楞、二柱、韭叶、二细、毛细（又称一窝丝）等八种。

20 世纪 80 年代初期，海东市化隆县人将牛肉拉面馆开到厦门，闯出了名气，逐步发展扩大，并注册了"化隆牛肉拉面"商标。2007 年 11 月，在首届全国劳务品牌展示交流大会上，化隆牛肉拉面获得全国劳务品牌优秀奖；2013 年 12 月，"化隆牛肉拉面"被确定为青海省六大劳务品牌之一。

截至 2016 年底，海东市穆斯林群众在全国各地经营牛肉拉面馆已达 2.52 万家，从业人员达 16.4 万余人，年收入达 36.48 亿元。牛肉拉面馆冲出中国，走向世界，走出了一条脱贫致富的幸福路。

化隆牛肉拉面

牦牛肉

青海白牦牛，以互助县北山地区为主产区，号称"天下白牦牛，唯独中国有"，作为世界稀有的牦牛地方种群，被作为不同于高原牦牛的品种单列入《中国家畜家禽品种志》，获得了"高原白珍珠"的美誉。

牦牛肉的蛋白质含量较一般肉高，而脂肪含量较一般肉低，且矿物元素含量丰富，氨基酸结构比例更接近于人体。同时，牦牛长年生活在无污染的高寒地带，一生中摄入大量的虫草、贝母等名贵中草药，逐水草而牧的半野生放牧方式、原始自然的生长过程使其肉质细嫩、天然、保健，且味道鲜美，具有很高的营养价值。《吕氏春秋》载"肉之美者，牦象之肉"。牦牛肉是人们理想的肉食消费产品，在我国港澳地区和西欧市场上更被誉为"牛肉之冠"。

牦牛肉

循化撒拉族民族餐

循化撒拉族民族餐以最具民族特色的面点和菜品，宴席必备的干果、盖碗茶等为主，菜品制作精美，且绿色、营养、健康，符合大众化消费，在全国餐饮行业的各类大赛中屡获殊荣。品种主要有面食、肉食、小吃等。

聪明的撒拉族人学人之长，融汉、藏、回等多民族的面食技艺为一体，做出蒸、炸、煮、烤、炒等各种烹饪方式的面食。雀舌面、麦仁饭、洋芋擦擦、"高依曼"（宰牲节用于招待客人的一种油炸面食）等做法精细，味道香美，具有传统特色和高原风味。蒸制的面食有花卷、包子、酥盘等。还有一种叫"响阿"的芽面，可用碗蒸食。

肉食方面，撒拉族以牛、羊、骆驼、鸡、鱼类为主，富有特色的肉类菜品主要有碗菜、手抓羊肉等，颇具民族特色和高原风味。

撒拉族小吃用料讲究，做法精细，品种繁多，有炒面、甜醅、杂碎、牙尔玛等，尤以炒面最具特色。炒面是用炒麦或芽麦磨成的粉，也有的是用炒麦配以各种果干和芝麻磨成的甜炒面，可以干食或用开水搅拌食用，是绝佳的旅游食品。

糖油饼

风味土豆

海东市美食、特产分布示意图

互助青稞酒

青稞酒以青稞为主要原料酿制而成。具有清香醇厚、绵甜爽净，饮后头不痛、口不渴的特点，在西部地区享有盛誉。二〇〇五年，"互助"牌青稞酒成为我国原产地保护地理标志产品。强手如林的酒类行业中独树一帜

互助马铃薯

互助县马铃薯因产量高、质量好而闻名省内外。其中，一种叫"黑美人"的紫黑色马铃薯，具有防癌、抗癌、延缓衰老的功能，能美容和增强免疫力。二〇〇六年，互助县马铃薯被评为"二〇〇六年全国秋季农副产品博览会名品大赛"金奖。

牦牛肉

牦牛（这里指家养牦牛）是青藏高原上的特有牛种，有"高原之舟"之称。具有很高的营养价值。《吕氏春秋》载"肉之美者，牦象之肉"。

乐都沙果

沙果，学名花红，是蔷薇科苹果属植物，是中国特有植物。黄或红色，熟时味似苹果，酸甜可口。

平安富硒产品

海东市平安区是一片富含硒元素的福地，有"高原硒都"之称。

互助葱花土鸡

葱花土鸡生长环境独特，品质优良，肉蛋营养价值高，具有很好的养殖和开发价值。

民和手抓羊肉

手抓羊肉是青海海东风味名菜之一。手抓羊肉新鲜滑软，油而不腻，质嫩肉酥，作料不多，香味扑鼻，滋味不凡。

酸奶

酸奶在海东各民族饮食中有着悠久的历史，在公元六四一年，就有了关于酸奶的记述。

化隆牛肉拉面

牛肉拉面具有百年历史，在清乾隆年间回族名厨马保友亲手创建的基础上改进而来。"一清、二白、三红、四绿"是牛肉拉面的特点。

循化撒拉族民族餐

循化撒拉族民族餐以最具民族特色的面点和菜品，民族特色的干果、盖碗茶等为主。菜品制作精美，绿色、营养、健康，符合大众化消费，品种主要分面食、肉食、小吃等。

循化线辣椒

线辣椒的主要特征是"三弯一钩"，即椒果身具有三个弧线形螺旋，椒果末端有一个小弯钩。

海东特产

海东作为青海的东大门，位于兰西经济区的核心地带，素有"海藏咽喉"之称，也是青海省农副产品的主产区。互助的青稞、马铃薯、八眉猪，循化线辣椒和花椒，以及平安富硒产品，都是极具高原特色的农产品。同时，海东市是青海省传统的果产区，以乐都沙果为代表的果品，产量占青海省的近70%，是青海省最大的"果盘"生产基地。

作为丝绸之路经济带上的重要节点城市，在"一带一路"倡议带动下，海东发展高原特色现代农业的优势更加凸显。海东正在加快建设海吉星国际农产品集配中心、青藏高原国际物流商贸中心等重大项目，积极融入国家战略，将海东高原特色现代农产品推向中西亚，乃至全世界。

互助葱花土鸡

互助葱花土鸡是海东鸡的一个地方品种，是在互助县域内独特的自然环境和饲养条件下,经长期的自然选择和饲养驯化而形成的特殊鸡种。

其肉质细嫩，滋味鲜美，适合多种烹调方法，且营养丰富，具有滋补养身之效，深受当地群众和外地客人们的欢迎。2012年，互助葱花鸡获国家农产品地理标志认定。

葱花鸡

葱花鸡生长环境独特

互助马铃薯

互助县马铃薯因产量高、质量好而闻名省内外。其中，一种叫"黑美人"的紫黑色马铃薯，含有大量的花青素，超过2%的蛋白质，18种氨基酸和10多种矿物元素，具有美容养颜、防治癌症、延缓衰老、增强免疫力等功能。

2006年，互助县马铃薯被评为"2006年全国秋季农副产品博览会名品大赛"金奖；2007年成功注册"互助马铃薯"商标，并创建了马铃薯种植营销协会和无公害马铃薯基地；2010年建立中国高原马铃薯集散中心。"小土豆、大产业"，互助马铃薯因口感好、营养高，逐渐走向全国市场，推动了县域经济的跨越式发展，为农民脱贫致富、与全国同步实现小康，打下了坚实的基础。

互助县农民在收获马铃薯

循化线辣椒

海东市循化县因其特殊的地理环境和气候条件，生产的线辣椒肉厚皮薄、油多籽少、颜色鲜红、香味浓郁、辣味适中、营养丰富、口感上佳，可以生食或炒食，是重要的蔬菜和调味品，曾多次在全国农产品博览会、国际农产品交易会上获奖。

循化线辣椒的主要特征是"三弯一钩"，即椒果果身具有三个弧线形螺旋，椒果末端有一个小弯钩。循化线辣椒作为名优土特产，已成功注册了地理标志商标，成为循化县的拳头产品，与"循化花椒"并称"两椒"。循化"两椒"是青海牛肉拉面的主要调料。"仙红""天香"两家企业生产的瓶装辣酱和袋装辣面，是循化县对外交往的名片、馈赠宾客的礼品。

循化线辣椒

乐都沙果

　　沙果，学名花红，是蔷薇科苹果属的植物，变种颇多，可用嫁接、播种、分株等法繁殖，是中国特有的植物。秋季，果实成熟，扁圆形，直径 4~5 厘米，黄或红色，熟时味似苹果，酸甜可口。

　　海东市乐都区的沙果种植历史悠久。明代御史李素在他的《西平赋》上阕中写道："果则丹杏充赞，林檎实边天，祀离离兮红珠贯，秋子累累兮赤弹悬。"清代《康熙碾伯所志》和 1935 年的《西北农学社刊》等文献中，都有关于乐都沙果的记载。

　　乐都沙果个头较大，果黄色或红色，果汁多，香气浓郁，风味独特；性甘温，能消食化滞、散瘀止痛；果实可制果干、果丹皮或果酒。近年来，随着栽培技术和生产管理水平的提高，果品质量得到显著提升，受到越来越多消费者的喜爱，在西北地区享有盛誉，不仅销往本省，而且广销甘肃、新疆、宁夏、陕西等地。

乐都沙果
个头较大，果黄色或红色，果汁多，香气浓郁，风味独特；性甘温，能消食化滞、散瘀止痛

平安富硒产品

海东市平安区是一片富含硒元素的福地，有"高原硒都"之称。平安区小峡、洪水泉等乡镇富硒土壤面积广大，农产品硒含量高达每千克0.23~1.5毫克。

近年来，平安区充分利用资源优势，打造高原富硒现代农业示范园区，扶持培育了金阳光现代农业发展有限公司、绿雏富硒养鸡场、白沈沟富硒生态园及生态养殖示范基地等企业。富硒产品红提葡萄、黑蒜、菜籽油、牛羊肉和鸡蛋等不断上市，深得消费者青睐，远销全国各省，还出口到韩国、日本等国。

2013年5月6日，平安县（2015年2月，撤县设区）政府正式颁布了平安富硒产品专用标志。平安富硒产品有了自己的"身份证"。图内隐含大写字母"PA"，意为平安；整个形状似山峰，代表高原，三条线代表三江源；标志底色为绿色。因此，该标志主题为"平安、高原、绿色"。

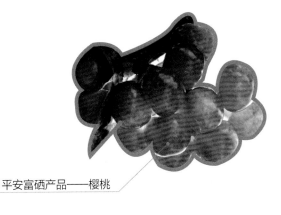

平安富硒产品——樱桃

平安富硒产品——人参果

发展成就

城市建设
新型城镇化建设
经济发展
基础设施建设
现代农牧业
社会事业

海东于 1978 年 10 月 19 日建政,辖 8 个县,1999 年 12 月湟中县、湟源县划归西宁管辖。自 2013 年 2 月撤地设市之后,海东辖二区四县,开启了城镇化和经济社会建设跨越式发展的新纪元。目前,海东已经成功跻身国家新型城镇化综合试点城市、节能减排财政政策综合示范城市、第二批地下综合管廊试点城市,致力于打造生态海东城市新名片。

城市建设

自东部城市群建设以来,中心城区建设全面展开:

1. 朝阳山行政片区、职教城片区、平安新城核心区、高铁新区、临空经济区等重点片区市政基础设施建设项目正在抓紧实施;

2. 以海东市公共资源交易及政务中心、传媒大厦、图书馆等为代表的公共服务设施建设项目陆续竣工;

3. 以青海高等职业技术学院、体育中心等为重点的教育项目即将建成;以海东市三甲医院、海东市养老服务中心等为代表的医疗健康城陆续开工;

4. 以曹家堡保税物流中心等为代表的青藏高原国际物流商贸中心已初具规模;以中关村创业基地、中小企业园等为代表的青海中关村高新技术产业基地创业带动初见成效;

5. 以高铁新区、蚂蚁山安置区为代表的城市综合居住区实现入住;

6. 以喇家遗址、瞿昙寺、柳湾彩陶等为代表的文化资源开发保护工程加紧实施;

7. 以房车自驾车营地、自行车租赁、游客服务为代表的百里河湟文化旅游展示体验区正在规划布局;

8. 以官亭、瞿昙、加定为代表的美丽城镇和美丽乡村正在紧锣密鼓地实施。

新型城镇化建设

　　海东市城镇建设按照"统筹城乡、布局合理、节约土地、完善功能、以大带小"的发展原则,取得了喜人的成绩,形成以乐都、平安核心区为中心,互助、民和两个新兴城市为副中心,循化县城、化隆县城、群科新区为区域中心,沿湟水河、黄河流域为横向城镇发展轴,北山旅游公路、临平公路、川官公路沿线为纵向城镇发展带,南门峡、加定、塘川、白庄等城镇为重点的"一核两副三心,两轴三带多点"的城镇化总体布局。

　　发挥轴带集聚、心点辐射功能,形成中心—副中心—区域中心—重点城镇——一般乡镇的五级城镇体系,促进各类城镇协调发展,将海东市建设成为"青海功能优化的重要城市,兰西经济区的产业基地,高原现代农业示范地区,青

城市建设

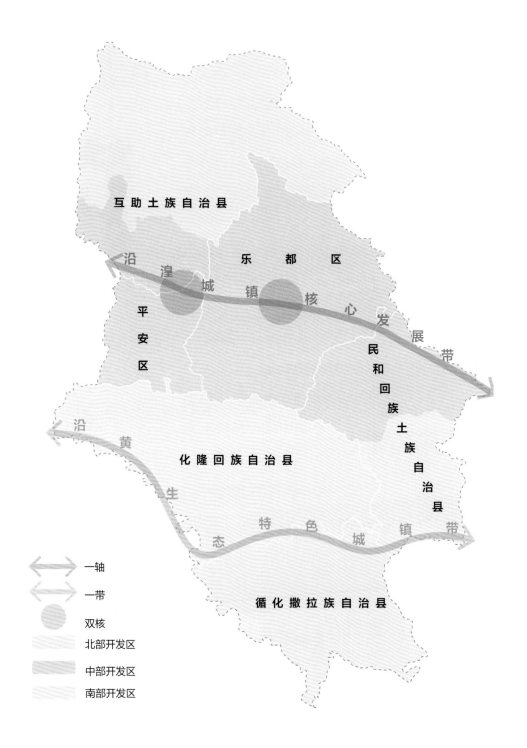

互助土族自治县

乐 都 区

沿 湟 城 镇 核 心 发 展 带

平 安 区

民 和 回 族 土 族 自 治 县

沿 黄 生 态 特 色 城 镇 带

化 隆 回 族 自 治 县

循 化 撒 拉 族 自 治 县

一轴
一带
双核
北部开发区
中部开发区
南部开发区

海东市域城镇空间结构发展示意图

海省科学发展的新增长极，以及实现在兰西经济区中部快速崛起的战略目标"，联结西宁、兰州两大城市的重要节点，东部城市群的重要支撑，丝绸之路经济带上重要的商贸物流枢纽和产业、人文交流基地。

经济发展

撤地设市以来，海东全力实施"工业强市"战略，开启新型工业化道路，构建未来城市化格局，推进现代农牧业进程，加快旅游业步伐，形成了大开发、大建设的崭新局面。

1. 构建了海东工业园区"一区六园"的工业发展格局。

累计完成产业投资 495 亿元，基础设施投资 230 亿元，带动聚集企业 185 户，从业人员 2 万余人，工业园区承接能力大幅提升。

2. 以"招商引资年"为抓手，突出高新技术产业、资源精深加工、现代农业、文化旅游、教育卫生、养老保险、环保等领域，协调解决土地、规划、环保、建设等方面问题。

招商引资到位资金由 2011 年的 58 亿元，增加到 2017 年的 220 亿元，累计到位资金达 933.6 亿元，比"十一五"净增 795.6 亿元，实现了"翻一番"目标，对"青洽会"签约项目实施全程跟踪、主动服务，确保项目履约率、开工率、资金到位率按期完成。

3. 初步构建了以轻工、信息、装备制造、新材料、新能源、高新技术、现代物流为主导的产业体系。

重点实施 320 个项目，完成投资 804.4 亿元。康泰铸锻 680mN 多

功能锻压机组、特色生物资源综合利用、工业窑炉余热发电等一批关键技术获得突破，实施省级以上科技项目 146 个，获得专利 223 项，新创省级以上名牌产品 44 项。

4.加快建设有海东特色的低碳、绿色、环保新型工业体系。

全面推进绿色低碳发展，规模以上单位工业增加值能耗、水耗及主要污染物总量均控制达标，资源综合利用率达到 85% 以上。

5.深入推进园区攻坚工程，打造工业发展核心增长极。

园区完成工业总产值占海东市的 85%。

6. 实现信息产业跨越发展。

构建"电子商务""现代农业""文化旅游"和"两化融合"四大信息应用产业主体圈，加快推动智慧城市建设。

7. 稳步推进科技创新发展。

打造 30 家省级"两化融合"示范企业，建立国家级技术中心 2 家，省级各类技术中心 3 家以上、科技创新示范企业 5 家。

　　海东市经济总量持续攀升，综合实力得到提升，主要指标增速位居青海省前列，已成为青海省科学发展的新增长极。

川大一级公路

基础设施建设

随着新一轮西部大开发战略的实施,海东交通、水利、能源、信息四大领域建设强力推进。综合交通体系建设逐步完善,兰新高铁及京藏、张汶、西和等多条高速公路横穿全境,西宁曹家堡机场坐落于海东市,航空运输通往国内主要城市,国际航班已开通曼谷、首尔、济州岛、台北、东京等多条线路,是青海省交通枢纽和国家区域物流节点城市,区位优势进一步凸显。

海东市2017年底公路总里程
单位: 千米

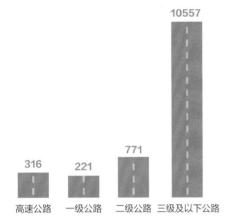

高速公路	一级公路	二级公路	三级及以下公路
316	221	771	10557

1. 交通

截至 2017 年底,海东市公路总里程达 11865 千米,其中高速公路里程达 316 千米,一级公路里程达 221 千米,二级公路里程达 771 千米,三级及以下公路里程达 10557 千米。

海东铁路建设

2. 水利

随着引大济湟北干渠工程建成通水和黄河谷地李家峡、公伯峡、积石峡三大灌区建设，湟水干流北岸地区和黄河流域三县的供水保障能力将得到显著提升。

海东市水利设施与使用情况

实灌面积5.36万公顷

泵站389座

规模以上机电井170眼

保存水土治理面积
2075.51平方千米

总库容1.02亿立方米
中小型水库72座
涝池207座

小水电
44项

水闸工程
189项

小型坝
63座

堤防
116项

渠道382条

农村供水工程
692项

骨干坝
106座

中型坝
77座

公伯峡水电站大坝

3. 能源

海东在"十二五"期间万元 GDP 能耗累计下降 11.05%。

 已建成并网光伏发电370兆瓦

 每年减少二氧化硫排放量19980吨

 每年减少二氧化碳排放量664002吨

 每年减少碳粉尘181152吨

 每年节约标准煤266400吨

4. 信息

实现信息产业跨越发展,构建"电子商务""现代农业""文化旅游"和"两化融合"四大信息应用产业主体圈,加快推动智慧城市建设。

 海东市光纤覆盖率达到95%

 行政村4G覆盖率达到98%

 3G覆盖率达到100%

 累计完成投资21.5亿元,加快两化融合重点实施了36个信息化应用项目

药草台

现代农牧业

1. 截至2017年，海东市已形成了以油菜、马铃薯为主的"两大"优势，以乐都大樱桃、长椒、紫皮大蒜、循化线椒、"两化"薄皮核桃、高原制种、食用菌、优质青稞、蚕豌豆和中藏药材为主的十个特色品牌。

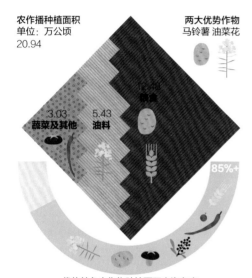

农作播种植面积
单位：万公顷
20.94

两大优势作物
马铃薯 油菜花

3.03
蔬菜及其他

5.43
油料

85%+

优势特色农作物种植面积占海东市
农作物总播种面积的85%以上

2. "十二五"期间，海东市按照青海省提出的"四区两带一线"区域经济发展规划，创建高原特色现代农业示范园，截至目前，海东市已建成以"三园四区"为特征的现代农业科技示范园。

63.2%

农业园区辐射带动农户
占海东农户总数的比例

40.57%

海东　青海其他地区

海东市温棚占青海省温棚总数的比例

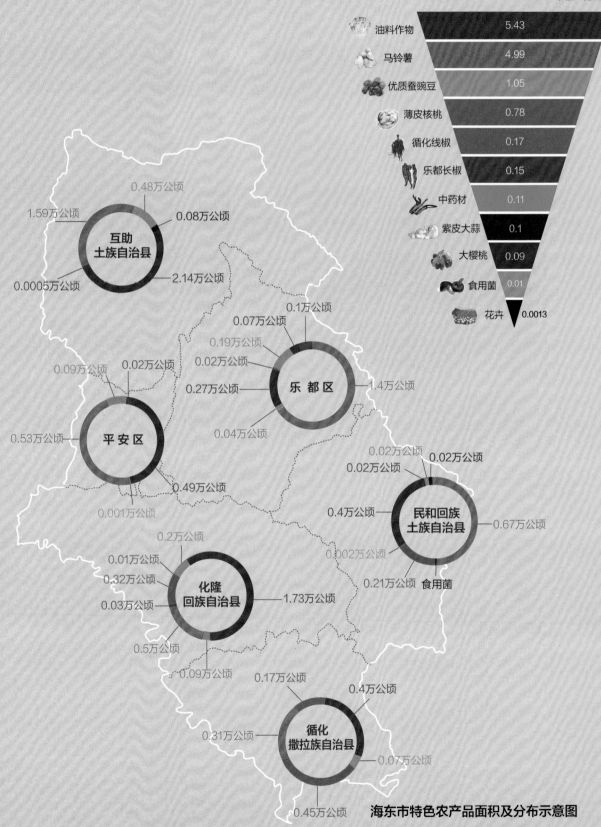

海东市特色农产品总面积
单位：万公顷

油料作物	5.43
马铃薯	4.99
优质蚕豌豆	1.05
薄皮核桃	0.78
循化线椒	0.17
乐都长椒	0.15
中药材	0.11
紫皮大蒜	0.1
大樱桃	0.09
食用菌	0.01
花卉	0.0013

互助土族自治县
0.48万公顷
1.59万公顷
0.08万公顷
0.0005万公顷
2.14万公顷

乐都区
0.1万公顷
0.07万公顷
0.19万公顷
0.02万公顷
0.27万公顷
1.4万公顷
0.04万公顷

平安区
0.09万公顷
0.02万公顷
0.53万公顷
0.49万公顷
0.001万公顷

化隆回族自治县
0.2万公顷
0.01万公顷
0.32万公顷
0.03万公顷
1.73万公顷
0.5万公顷
0.09万公顷

民和回族土族自治县
0.02万公顷
0.02万公顷
0.02万公顷
0.4万公顷
0.67万公顷
0.002万公顷
0.21万公顷 食用菌

循化撒拉族自治县
0.17万公顷
0.4万公顷
0.31万公顷
0.07万公顷
0.45万公顷

海东市特色农产品面积及分布示意图

3. 为有效保障西宁市和海东市"菜篮子"供给，在黄河沿岸的循化、化隆两地建设"黄河彩蓝"生产示范基地，总体规划建设面积约 0.33 万公顷。目前，已投资各类资金达 4.2 亿元。已修建高标准日光节能温室 735 栋，玻璃温室 1 座，保鲜库 1 座，高标准规模养殖场 10 个。

4. 以乐都区辐射带动，河湟两岸的"白色长廊"已扩大到海东市 35 个乡镇、90 个村，涉及近 6 万户。海东市已累计发展设施温棚 8.87 万栋，占青海省温棚总数的 40.57%，折合面积约 0.2993 公顷。

5. 打造高原无公害绿色有机富硒农畜产品品牌。"三品一标"认证总数达到 114 个，其中，无公害农产品 80 个，绿色食品 20 个，农产品地理标志 12 个，绿色生产资料 2 家。建立绿色食品原料标准化生产基地 2 处共 1 万公顷。

6. 建成市、县农业信息平台 7 个，互助县已成为国家农业信息化建设试点县，民和县成为"阿里巴巴"农村电子商务示范县。

7. 海东市草食畜、生猪存栏量分别达到 211.5 万头（只）、68.04 万头。牛、羊、禽分别存栏 31.01 万头、173.67 万只、155.68 万只。海东市标准化、规模化养殖场累计达到 456 家，规模养殖户达到 4.6 万户，占农户的 14.40%。规模化养殖程度达到 40% 以上。

40%

海东规模化养殖程度

海东畜禽存栏数
单位：万头（只）

31.01　　68.04

173.67　　155.68

公伯峡成群结队的羊群

社会事业

1. 文化

海东文化基础建设投入不断加大，基本形成了覆盖城乡的公共文化服务体系。大力发展文化旅游产业，不断加大文化旅游景区的开发建设，初步形成综合性文化产业体系。

2. 教育

2013 年 7 月至 2017 年底，实施各类教育基础设施建设项目 2038 项，总建设规模 288.6 万平方米。完成了第二轮学校布局调整工作，启动实施了标准化学校建设、普通高中建设、学前教育建设、农村教师周转宿舍、"全面改薄"等项目；中小学布局进一步优化，改善了各级各类学校基本办学条件；全面落实海东农村中小学公用经费保障机制、高中阶段国家助学金及免学费补助等一系列政策；全面实施青海省中小学标准化建设信息化和教育技术装备项目。

中小学教育

3. 卫生

促进医疗卫生服务的公平性和可及性，有力地保障和改善了民生。通过重大公共卫生服务项目，对重点疾病、重点人群进行干预，在政策上实现了公共卫生服务全覆盖。"十二五"以来政府卫生投入累计达到 27 亿元，其中，基本建设投入 5.9 亿元，完成新建、改扩建项目 753 个，建立了覆盖城乡的医疗卫生服务体系。

4. 民政

实施了 221 个民政基础设施项目，救灾与防灾减灾相结合的自然灾害应对救援体系基本建立，城乡社会救助体系趋于完善，城乡低保实现应保尽保，医疗救助和临时救助实现城乡全覆盖，优抚安置保障水平显著提高，城镇"三无"、农村"五保"和城乡孤儿生活获得制度性保障，养老服务体系建设得到长足发展。

5. 社保

海东市社会保险"五险合一"的信息系统全面建成，纵向到底、横向到边的海东市金保工程省、市、县、乡四级网络实现全覆盖。积极探索医疗保险科学化、规范化、制度化管理的途径和办法，逐步实现定点医院跨省异地联网实时结算医疗费用。

6. 就业

"十二五"以来，海东以推动实现更高质量就业为目标，坚持"劳动者自主就业、市场调节就业、政府促进就业和鼓励创业"的方针，统筹推进就业创业各项工作，海东市城镇新增就业 6.4 万人；各类人员实现就业 4.3 万人；城镇就业困难人员实现就业 5574 人；城镇登记失业率控制在 3.5% 以内；共向省内外转移输出农村劳动力 390.8 万人（次），实现劳务收入 302.2 亿元，人均劳务收入占农民人均收入的 50% 以上。拉面经济经过近 30 年的艰苦创业、规模扩张和打造品牌，总体规模不断扩大，品牌效应逐步凸显，群众收入逐年攀升。

人均劳务收入占农民
人均收入的50%以上

城市蓝图

优化空间布局，打造高原新城

统筹规划基础设施与综合管廊建设

优化城市绿地布局，建设森林城市、海绵城市

旧城改造，协调城市景观风貌

加快美丽城镇、美丽乡村建设

加大住宅建设力度，提高人居环境

优化空间布局，打造高原新城

作为打造中的"丝绸之路经济带"上的重要节点城市和青藏高原的门户城市，海东正向产城融合的新型城市大步迈进。

1. 城市建设加快推进，核心区规划面积达到 207 平方千米，建成区面积增加 15 平方千米，新增各类建设用地 73.33 平方千米。到 2020 年，海东中心城区规划面积将达 212 平方千米，建成区面积达到 50 平方千米。

2. 坚持"高起点规划、高水平设计、高标准建设"的总体思路，"多规合一"和城市空间信息"一张图"管理开发建设有序推进。

统筹规划基础设施与综合管廊建设

1. 平安区高铁新区、乐都区朝阳山片区、民和县川垣新区、互助县东城新区、化隆县群科新区和循化县"十里经济带"等一批特色鲜明、功能互补的城市组团规模日益扩大。

2. 基础设施的有效供给能力和城市承载能力得到提升。

3. 在新建住宅全面推广街区制，实现内部道路公共化，解决交通路网布局问题，促进土地节约利用。

4. 随着西成铁路和高铁建成、机场扩建和公路运输体系的建设完善，海东的立体交通网络加速形成，海东城市功能将更加完善，发展空间布局将更加优化。

5. 按照"先规划、后建设、先地下、后地上、管长远"的城市建设思路，全面实施核心区城市综合管廊建设工作，开创青海省城市地下空间建设的先河。

预计到2020年

15%
道路面积率达到

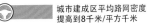

城市建成区平均路网密度提高到8千米/平方千米

预计至 2020 年，海东市管廊建设将达 79.33 千米

曙光大道桥

优化城市绿地布局，建设森林城市、海绵城市

1. 以"绿屏障、绿河谷、绿城区"建设为契机，建设森林城市、海绵城市。充分利用海东自然山体、河湖湿地、耕地、林地、草地等生态空间，进一步优化城市绿地布局，构建绿道系统，实现城市内外绿地连接贯通。

2. 将生态要素引入市区推行生态绿化方式，保护古树名木资源，广植当地树种，减少人工干预。以城区绿化为重点，积极实施"退路还绿、破墙透绿、见缝插绿、立体绿化"工程。

3. 构筑环城区绿化生态圈，逐步形成以行道树、绿化带为骨架，以庭院、小区绿化为基础，以公园、游憩广场为中心的各种绿地交融渗透，点、线、面、片、环相结合的城市园林绿化总格局。不断提高城市人均公园绿地面积和城市建成区绿地率，改变城市建设中过分追求高强度开发、高密度建设、大面积硬化的状况，让城市更自然、更生态、更有特色。

4. 以湟水流域综合开发整治为契机，打造百里河湟文化旅游展示长廊。

百里河湟文化旅游展示长廊示意图

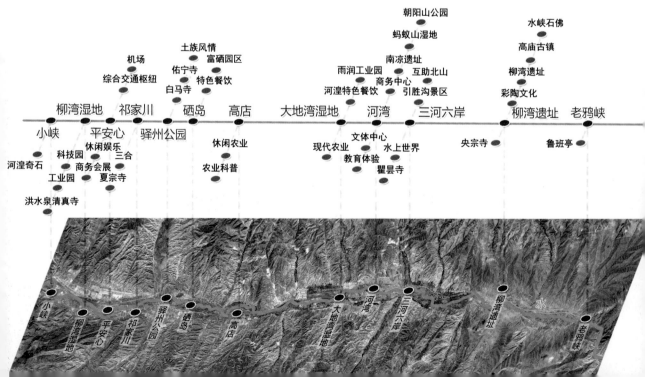

旧城改造，协调城市景观风貌

1. 把旧城区、棚户区和城中村改造与调整海东城市产业结构、优化城市用地功能相结合，有重点、有步骤地推进城市旧城区、棚户区和城中村改造。

2. 恢复老城区功能和活力，加强文化遗产保护传承和合理利用，保护古遗址、古建筑、近现代历史建筑，更好地延续历史文脉，展现城市风貌。

3. 加快城镇供水设施建设和水污染治理步伐，合理开发利用水资源，提高供水能力，形成水源充足、水质优良、管网连环的给水网络和技术先进、运行成本低、管理水平高的排污体系。加快天然气输配管网建设，提高天然气调配能力，提高城镇居民的燃气普及率。

互助新貌

加快美丽城镇、美丽乡村建设

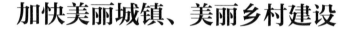

因地制宜，特色推进，加快美丽城镇、美丽乡村建设。

1. 官亭镇、瞿昙镇、高庙镇以喇家国家考古遗址公园、瞿昙寺、柳湾遗址为依托，着力打造文化旅游名镇。

2. 三合镇、丹麻镇与绿色产业相结合，着力打造生态旅游城镇；群科镇与高原冷水养殖、黄河文化体育旅游产业发展相结合，努力打造县域经济中心。

3. 一批小城镇基础设施建设全面启动并初见成效，城镇环境和镇容镇貌得到显著改变。近 500 个村庄重点实施了规划编制、基础设施建设和村庄整治等工程，村容村貌和农村生产生活条件得到明显改善。

4. "十三五"期间，海东将建设 600 个美丽乡村，争取 5 年完成 10 万户以上的农村住房改造项目，到 2020 年，普遍实现农牧民住房安全、饮水安全、出行方便等基本生活条件，村庄人居环境普遍实现整洁、便捷、舒适，努力建成一批田园美、村庄美、生活美的高原美丽乡村。

住房建设成果

加大住宅建设力度，提高人居环境

1. 优化供应结构，加大以普通住宅为主的住宅建设力度，有计划、有步骤地推进了保障性住房建设和棚户区改造力度，推行绿色安全、综合布局、合理配套的建设模式，城镇人均住房面积达 35 平方米，群众居住条件进一步提高。

2. 相继建成平安高铁新城、乐都碧水源等重点安置区和一批以低碳、节能、环保为特色的示范小区，人居环境不断提高、公共设施全面配套、物业管理逐步覆盖，城市品质明显提升。

3. 通过实施农村奖励性住房和困难群众危房改造等农村住房工程。到"十三五"末，海东市完成棚户区改造 6.5 万套（户）。

　　展望未来，海东必将迎来更多更好的发展机遇，海东城市功能将更加完善，发展空间布局将更加优化，生产要素配置将更加合理，中心城市集聚辐射功能将得到充分发挥，影响力、竞争力和自我发展能力将会大幅提升。

解决了海东市 25.47 万户农民的住房问题

惠及农村牧区人口约 101.88 万

乐都区碧水园示范小区

244

责任编辑：王秀秀

编　　辑：王　磊　陈　鹏

审　　校：卜庆华

审　　订：陈　宇

整体设计：方　芳

设　　计：方　芳　谢崇桥　孙亚红

地图编绘：姚维娜　潘　倩　王　跃　于灵珊

信息图表：王　跃　方　芳　锋尚设计　张浩南　赵　泽

插图绘制：萧　沁　李　瑶　孙亚红

附 录

《中国国家人文地理·海东》行政公文资料由张一弓、冀永萍、王南涛、王军宾、马才旦、马文胜、洪海波、马芳、韩莉、张生菊、赵力遥、李幸国、李鸿贤、徐维英、马生英、王仕浩等提供（排名不分先后）。

《中国国家人文地理·海东》图片资料由刘毅、武新秦、张海平、盛加元、谭佳、王庚魁、李明奎、王君、马晓晨、李明华、马光辉、马晓红、德拉、茹孝宏、祁文汝、东永学、FOTOE等提供（排名不分先后）。